Motifs à broder

d'Asie, d'Afrique et d'Amérique

Motifs à broder

d'Asie, d'Afrique et d'Amérique

MARY NORDEN
photographies
SIMON BROWN

ARTS D'INTERIEURS

ARMAND COLIN

DMC®

Publié pour la première fois en 1993 sous le titre *Ethnic Needlepoint* par George Weidenfeld & Nicholson Ltd
Orion House
5 Upper St Martin's Lane
Londres WC2H 9EA
Grande-Bretagne

ISBN : 2-200-21356-5
Dépôt légal : novembre 1993

Traduction de l'anglais :
Caroline Rivolier

Conception graphique : Roger Davies
Diagrammes : Malcolm Couch
Dessins : Sarah Davies
Mise en page : David Campbell
Stylisme : Mary Norden
Photographie de la couverture : Tim Imrie
Composition : SCCM, Paris
Photogravure : Newsele Litho Ltd
Impression : Printers Srl, Trente
Reliure : L.E.G.O., Vicenze

Sommaire

Remerciements

L'écriture de ce livre a été pour moi un grand plaisir et une merveilleuse exploration du monde de la couleur, mais jamais cette aventure n'aurait été possible sans l'aide et le soutien d'un grand nombre de personnes.

Pour toutes leurs heures de broderie, je remercie Joan Eve, Jane Harding, Rachael Kingman, Angela Knight, Jane Manley, Anne Newman, Elizabeth Norden, Pat Taylor et, tout particulièrement Phyllis Kingman, Ann Steer et Mary Stenning. Pour leur soutien et leur enthousiasme dans la recherche d'autres brodeuses, je remercie Douglas et Mary Ann Garrad ainsi que Shirley Jones. Pour la dactylographie, j'adresse un grand merci à Sheila Dunn et à Jayne Wright de Martello Office Services. Pour sa photographie des pages 68-69, un grand merci à Tim Imrie et, pour leur prêt généreux d'objets superbes, ma reconnaissance va à Alison Bentz, de South American Design, à Davies, Gill Lloyd, Lesley Gilder, Jenny Hayward-Karlsson, Pip Rau et David Wainwright. Pour ses encouragements inlassables et son optimisme, je remercie mon agent, Frances Kelly et, pour ses méticuleuses illustrations techniques, Sarah Davies. Simon Brown a su faire de magnifiques photographies, David Campbell des arrangements superbes, et Roger Davies un choix avisé dans un amoncellement de textes et d'illustrations pour en faire ce très bel ouvrage : merci à eux. Pour finir, ma reconnaissance va à Suzannah Gough, ma directrice d'édition, qui m'a guidée tout au long de ce projet avec une impressionnante efficacité et, surtout, un grand sens de l'humour.

Ce livre est dédié à Charles.

Introduction

Avec l'application aux ouvrages à l'aiguille de motifs et de couleurs empruntés à l'art ethnique, c'est tout un domaine nouveau qui s'ouvre aux amateurs de canevas avides de défis et d'idées neuves. J'espère que mes modèles encourageront les débutants et qu'ils inciteront les passionnés à exploiter cette idée en créant leurs propres motifs et leurs harmonies colorées.

Mon intérêt pour les couleurs date de l'enfance : j'adorais les coloriages et, à l'école, j'accumulais les boîtes de crayons aussi passionnément que d'autres collectionnent les trains électriques. Plus tard, au collège, j'ai étudié les textiles et fait d'innombrables mélanges de teintures. Où que j'aille, quoi que je voie, c'est toujours la couleur que je remarque et dont je me souviens en premier, que ce soient les couleurs mêlées par la nature, comme le rouge ardent d'une rose, le jaune acide d'un citron, le bleu sombre d'un ciel d'orage, ou les couleurs fondues par l'homme comme les roses passés de Venise, les bleus chatoyants d'un tableau de Monet ou les gris durs d'un journal quotidien. Avec la couleur, il y a le dessin et ses innombrables styles : aux dessins d'origine naturelle se joignent les créations de l'homme dans son perpétuel besoin de décorer non seulement sa maison et son mobilier, mais aussi les tissus, les poteries, les objets utilitaires et même son propre corps.

Il me semble que la fusion la plus réussie de la couleur et du motif se trouve dans l'art ancien et présent des tribus du monde entier, et je retourne sans cesse aux cultures ethniques pour y puiser l'inspiration. On ne peut s'empêcher d'admirer l'extraordinaire diversité des idées et la virtuosité technique mise en œuvre dans la confection de chaque objet. L'art ethnique évoque un mode de vie qui fut le nôtre autrefois, dans l'Europe préindustrielle.

J'ai eu beaucoup de chance. Quand j'étais créatrice de tissus, à Londres, il m'a été donné à maintes occasions d'examiner les productions de ces tribus du monde. J'ai parcouru des expositions et des musées, admiré de riches collections privées, consulté la vaste bibliothèque du Victoria and Albert Museum et fouiné dans les boutiques spécialisées. J'ai aussi voyagé, certes pas comme un grand voyageur du XVIIIe siècle, mais j'ai fait quelques courts déplacements qui m'ont permis d'approcher les cultures tribales. J'ai relevé les motifs sur mon carnet et fait des photographies qui me servent de références pour les couleurs. Mais jamais une photographie, même bonne, ne transmet en totalité l'« esprit » de la couleur locale.

Lorsque j'ai cherché à exploiter cette abondante récolte d'images ethniques, il m'a semblé que la meilleure solution était de créer une collection de motifs pour canevas, puisque le canevas, qui est mon passe-temps favori depuis longtemps, jouit à présent d'un renouveau considérable. Mais l'abondance des matériaux et des motifs m'a imposé des limites, aussi ai-je choisi d'insister surtout sur les textiles artisanaux en excluant toute production d'atelier. C'est ainsi que je présente les divers styles de kilims tissés d'Asie, des tapis berbères du Maroc, les tissages vibrants du Guatemala et du Mexique, l'imagerie mystérieuse du Pérou et les broderies compliquées d'un trousseau de jeune fille de l'Inde.

Il est facile de transformer un motif, surtout si on se limite à un petit nombre de points de base. Personnellement, j'ai toujours accordé plus d'intérêt à la couleur et au motif qu'aux différences de textures créées par l'emploi de techniques variées. L'audace des motifs de l'art ethnique se prête sans difficulté à la broderie sur canevas et ouvre d'innombrables possibilités de jeux de couleurs, surtout quand les motifs se répètent.

Quand je choisis les couleurs d'un motif, je ne me conforme pas obligatoirement à ma source d'inspiration. Dans un grand nombre de mes modèles, j'ai brodé le même motif en deux gammes colorées différentes, ce qui illustre bien la facilité avec laquelle les motifs ethniques se prêtent à une multitude de combinaisons colorées, depuis les tons vifs et acides jusqu'aux harmonies subtiles et sombres. J'espère que ce livre incitera les amateurs non seulement à reproduire mes thèmes colorés, mais aussi à créer leurs propres modèles. La réussite dépend toutefois du respect de certains principes. Par exemple, si les tons vibrants d'Étoiles mexicaines (pages 124-129) attirent le regard et éclairent une pièce, les tonalités fanées des roses, des bleus et des bruns de l'Étoile du nomade (pages 60-63) se fondront plus aisément dans le décor ambiant. Il en est de même pour les motifs : le tabouret Aigle du Turkestan (pages 42-45), par exemple, se détachera davantage dans une pièce que le motif subtil de Fleur d'Orient (pages 26-31).

En imaginant ce livre, mon intention était certes de décrire les styles ethniques et leurs motifs et de les commenter, mais aussi de montrer des photographies et des objets. Chaque projet est donc présenté sur un fond qui met en valeur l'utilisation de la couleur dans la vie de tel ou tel peuple — le turquoise dans les maisons mexicaines, le brun terreux de la hutte africaine, le mélange terre cuite et prune dans les intérieurs indiens. J'ai voulu des illustrations simples, de façon qu'elles reflètent le cadre et le style de vie de la décennie 1990 : durant les années 1980, nos maisons étaient meublées soit dans le style campagnard, avec des canapés rebondis, des doubles rideaux de chintz bouillonné et des centaines d'objets décoratifs, soit dans le style minimal, avec un mobilier anguleux, du noir mat et des stores vénitiens. Mais les touristes, de leurs voyages hors d'Europe, ont rapporté des objets de l'Inde, d'Afrique et du Mexique, chaque objet étant apprécié pour son unicité et non comme un produit de série adapté au mode de vie européen. C'est ainsi que les Occidentaux ont peu à peu pris conscience de la splendide diversité des styles ethniques.

C'est pour répondre à l'affirmation du style ethnique comme marque des années 1990 et pour pallier le manque de motifs permettant de définir les nombreux éléments des textiles exotiques que j'ai créé cette collection d'ouvrages à l'aiguille. J'espère qu'en les brodant vous éprouverez le même plaisir, le même enthousiasme que j'ai ressenti en élaborant ce livre, et que vous obéirez à l'irrépressible envie d'entreprendre une exploration dans le merveilleux monde coloré de la culture ethnique.

L'Asie

Je me souviens clairement du jour où le tapis persan que mes parents venaient d'acheter leur fut livré. Déroulé, il révéla un motif éblouissant, semis de feuilles de vigne, d'œillets, de roses et de tulipes aux couleurs d'été tardif, si profondes qu'elles paraissaient rayonner dans l'obscurité. J'appris bientôt que ce tapis magique nous venait d'une culture autre que celle que je connaissais, et que son dessin était tout occupé d'une symbolique mystérieuse. C'est ainsi qu'à huit ans je fis la connaissance des somptueux tissages d'Asie.

Depuis lors, j'ai appris que l'Asie a produit au cours des siècles une grande quantité de textiles, non seulement tissés, mais brodés, appliqués, imprimés et même teintés par ligature, et dont les styles sont aussi variés que sa géographie et ses habitants. Après les tapis persans à décor fleuri, je découvris, entre autres, les ravissants motifs figuratifs des broderies paysannes et les appliqués indiens du Gujarāt, du Rājasthān et du Pendjab ; les motifs de quadrupèdes et d'oiseaux à l'aspect héraldique qui ornent les couvertures des animaux domestiques et les sacoches de selles d'Azerbaïdjan ; les dessins complexes des châles si recherchés du Cachemire ; l'*ikat*, une technique qui consiste à traiter au préalable les tissus pour qu'ils ne prennent pas la teinture de façon à obtenir des dessins abstraits chatoyants. Ils servent ensuite à faire les manteaux des dignitaires du Turkestan.

Je reviens sans cesse aux tissages expressifs des tribus nomades d'Asie, en particulier aux kilims. L'étonnante variété de leurs couleurs et de leurs motifs a beaucoup influencé mon travail et m'a inspiré des motifs comme Fleur d'Orient, Patchwork afghan et Étoile du nomade, présentés dans ce livre. Des rivages de la Méditerranée orientale, où se mêlent les cultures européennes et asiatiques, viennent des kilims très colorés garnis de motifs floraux simples, regroupés autour d'un arbre de vie. Un peu plus à l'est, dans la direction des montagnes d'Anatolie centrale, on trouve une profusion de tapis de prière connus pour leurs ocres et leurs représentations du *mihrab*, la niche de prière, entourée de bordures de fleurs et de feuilles. Au-delà de la frontière, vers le Caucase et les États d'Azerbaïdjan, d'Arménie et de Géorgie, se manifestent deux styles très différents : de grands kilims parsemés d'audacieux médaillons abstraits très colorés, encadrés par une bordure, ou des carpettes plus ordinaires sans bordure, formées de bandes de formes géométriques plus petites et de couleurs plus douces et harmonieuses. D'Iran, vient une grande quantité de tapis délicatement ornés de motifs floraux disposés en compositions variées. À l'est, du côté des montagnes d'Afghanistan, les kilims sont plus grands, plus robustes et tissés parfois de motifs simplifiés de couleur foncée, parfois selon le fameux motif de l'araignée à huit pattes en bleus et rouges vifs. Plus audacieux encore sont les tapis des Tsiganes, avec leurs couleurs insolentes, leurs franges compliquées de perles, de coquillages et même de pièces de monnaie. Les tapis des nomades offrent une profusion de couleurs allant des subtiles teintes terreuses aux verts, rouges, bleus et jaunes qui vibrent, scintillent et excitent l'œil.

Depuis plus de mille ans, les nomades tissent non seulement pour la décoration mais aussi pour la confection d'objets utilitaires : dès qu'ils installent un campement, ils se servent de leurs textiles pour se procurer chaleur ou ombre, pour monter des parois, des plafonds et même pour meubler les tentes. Les textiles contiennent aussi une symbolique liée aux croyances et à la religion : l'arbre de vie est un symbole puissant qui relie le monde souterrain à la terre et la terre au ciel, l'œil, les cornes de bélier et les couples d'oiseaux protègent contre le mauvais œil. L'abondance des motifs floraux, en particulier sur les tapis de basse lisse, reflète le goût pour les fleurs sous ces climats souvent secs et poussiéreux.

Faute de place, je ne peux citer que quelques styles de décors parmi tant d'autres. J'espère qu'une fois initié, vous serez aussi enthousiaste que moi !

MÉDAILLON CAUCASIEN

INSPIRÉ PAR LES EXQUIS TAPIS CAUCASIENS, CET AUDACIEUX MOTIF NE REPRÉSENTE QU'UN AVANT-GOÛT D'UN PARADIS DE MOTIFS GÉOMÉTRIQUES ÉBLOUISSANTS.

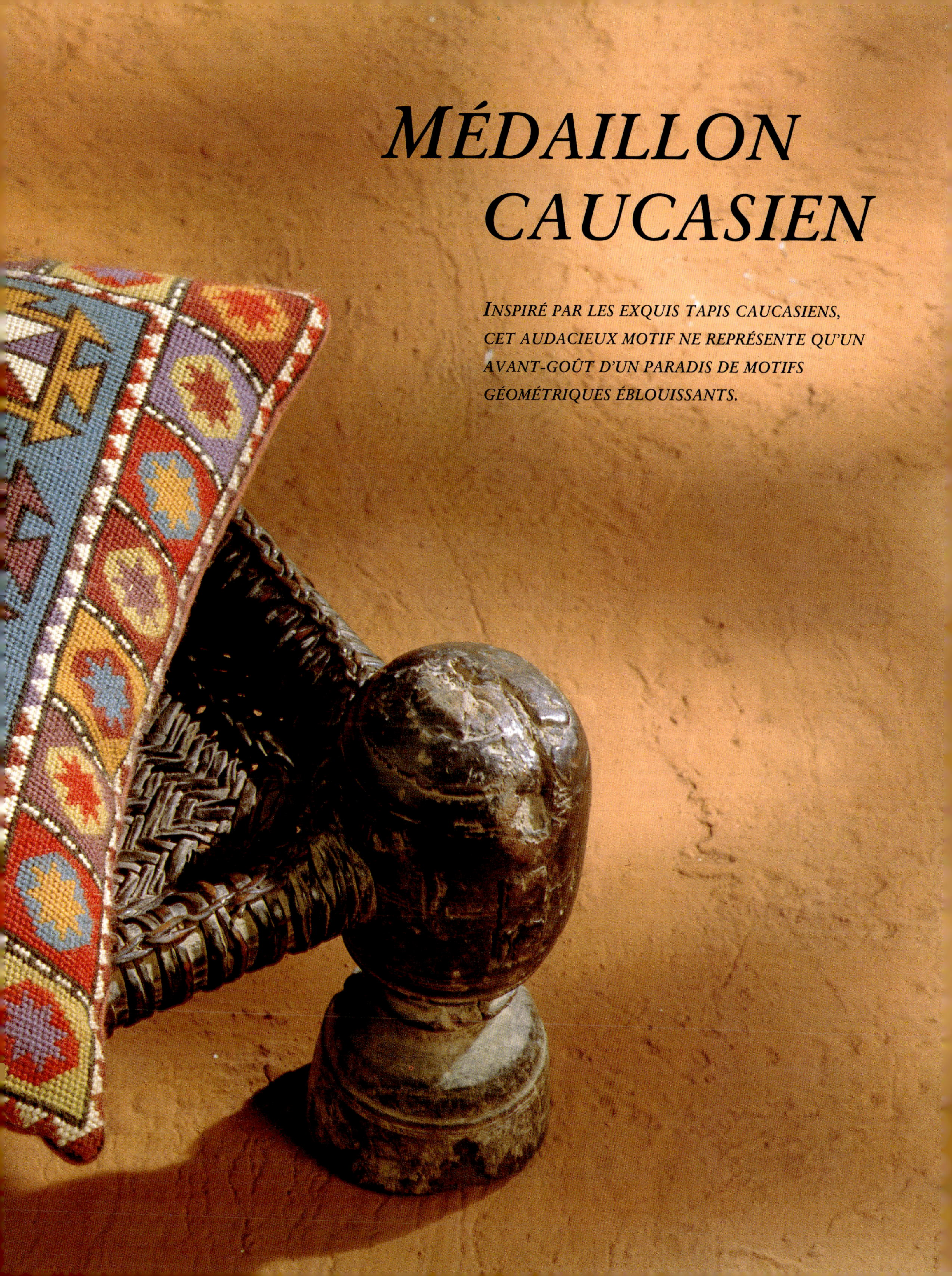

Dans les montagnes froides d'Azerbaïdjan, un État du Caucase voué par tradition au tissage des tapis, les fillettes, dès l'âge le plus tendre, aident leurs mères à préparer et à filer la laine, à la teindre et à la tisser pour faire des carpettes, des sacoches de selles et des tapis aux riches motifs. Quand elle parvient à l'âge du mariage, la jeune fille possède plusieurs tapis, décorés de motifs inspirés par son environnement : fleurs, animaux, arbres, objets ménagers. L'image est simplifiée et, avec les transmissions successives de mères en filles, se stylise de plus en plus, au point de devenir abstraite. Frappée par l'audace des formes géométriques utilisées, j'ai disposé des rangées de médaillons avec une bordure de « boutons » et de lignes brisées que j'ai travaillés en deux gammes de couleurs.

Pour l'une d'elles, j'ai agrandi le motif pour l'adapter aux dimensions d'un fauteuil de metteur en scène et élargi le dessin en répétant le motif de bordure le long des deux bords. C'est très simple, mais très efficace. Ce genre de fauteuil est très bon marché. Si cela vous ennuie de faire l'assise et le dossier à l'aiguille, ne faites qu'un des deux et garnissez l'autre d'un tissu de couleur complémentaire.

Fiche pratique

FOURNITURES

Fil Laine à tapisserie DMC dans les coloris suivants. (Les quantités indiquées sont approximatives.)

Coussin : combinaison de couleurs n° 1

7255	16 m	7781	26 m
7326	48 m	7362	18 m
7127	31 m	7535	38 m
7147	3 m	7492	31 m
7226	28 m		

Fauteuil : combinaison de couleurs n° 2

	Assise	*Dossier*
7467	27 m	8 m
7127	38 m	26 m
7226	24 m	9 m
7297	26 m	11 m
7541	18 m	11 m
7506	26 m	30 m
7508	30 m	12 m
7326	20 m	7 m
Noir	67 m	28 m
7492	70 m	19 m

Canevas Canevas unifil n° 12.
Coussin : 1 carré de 49 cm de côté.
Assise du fauteuil : 58 cm × 49 cm.
Dossier du fauteuil : 58 cm × 28 cm.

Matériel de finition
Housse de coussin : 50 cm de tissu pour le dos et fil assorti. Fermeture à glissière de 30 cm. 157 cm de ganse pour la bordure (facultative).
Fauteuil Assise : 50 cm de tissu pour le dos et fil assorti.
Dossier : 30 cm pour le dos et fil assorti.

Ensemble du motif
Housse de coussin : 181 points de largeur sur 181 points de hauteur.
Assise du fauteuil : 219 points de largeur sur 181 points de hauteur.
Dossier du fauteuil : 219 points de largeur sur 85 points de hauteur.

Motif terminé
Housse du coussin : 38 cm × 38 cm.
Assise du fauteuil : 46 cm × 38 cm.
Dossier du fauteuil : 46 cm × 17,5 cm.

RÉALISATION

Housse de coussin Pour plus d'informations pratiques sur les méthodes utilisées pour la réalisation, reportez-vous aux Techniques des travaux d'aiguille, pages 150-154. Préparez le canevas. Le motif est exécuté au demi-point de croix avec un brin de fil. Chaque carreau du diagramme représente un point sur le canevas. En suivant le diagramme, exécutez le motif avec la combinaison n° 1 (diagramme) ou n° 2 (photographie du fauteuil). Étirez le canevas terminé avant d'assembler le dos de la housse. Posez la bordure.

Fauteuil Pour l'assise, en suivant les indications données pour l'exécution du coussin, brodez le motif sans la bordure externe de triangles (5 points de largeur). Pour obtenir le surplus de largeur nécessaire pour l'assise du siège, répétez encore une fois, des deux côtés, les 19 points de la bordure de fleurs avant d'ajouter pour terminer la bordure externe de triangles.
Pour le dossier, en suivant les indications données pour l'exécution du coussin, brodez une rangée de médaillons au centre du canevas avec une seule rangée de points de la couleur du fond au-dessus et au-dessous de ces motifs. Exécutez la bordure intérieure de triangles avant la bordure florale, comme pour l'assise, et élargissez l'ouvrage de la même façon. Ne faites une bordure externe de triangles que sur les côtés. Étirez l'ouvrage terminé (assise et dossier) avant d'assembler le dos et de le fixer sur le siège.

FLEUR D'ORIENT

LA CONTEMPLATION DES MOTIFS FLORAUX ET GÉOMÉTRIQUES TYPIQUES DES KILIMS, TELS QU'ILS APPARAISSENT SUR CE COUSSIN, EST À ELLE SEULE UNE INVITATION AU VOYAGE.

Les kilims, qui sont des tapis de basse lisse, étaient autrefois considérés comme les tapis du pauvre. Fabriqués en laine et ornés de motifs symboliques et tribaux, ils étaient à l'origine une monnaie d'échange — surtout comme éléments d'une dot — en même temps que des objets d'usage domestique. Les kilims différaient selon les régions et les influences culturelles.

Dans mon motif Fleur d'Orient, les fleurs stylisées, disposées en rangées diagonales de couleurs contrastées, sont typiques. J'ai encadré la zone centrale — au fond — d'une double bordure d'étoiles et de corolles. Les couleurs harmonieuses et riches de la première combinaison de couleurs et les teintes plus claires et vives de la seconde (page suivante) caractérisent aussi les kilims.

Fiche pratique

FOURNITURES

Fil Laine à tapisserie DMC dans les coloris suivants. (Les quantités indiquées sont approximatives.)

Coussin : combinaison de couleurs n° 1

- 7299 62 m
- 7650 32 m
- 7147 87 m
- 7205 10 m
- 7506 26 m
- 7492 47 m

Coussin : combinaison de couleurs n° 2

- 7492 31 m
- 7467 20 m
- 7226 23 m
- 7127 35 m
- 7650 46 m
- 7506 23 m
- 7362 21 m
- 7926 14 m

Canevas Canevas unifil n° 12 : 1 carré de 48 cm de côté.

Matériel de finition 50 cm de tissu pour le dos et fil assorti. Une fermeture à glissière de 30 cm. 157 cm de ganse pour la bordure (facultative).

Ensemble du motif
180 points de largeur sur 179 points de hauteur.

Motif terminé
1 carré de 38 cm de côté.

RÉALISATION

Pour plus d'informations pratiques sur les méthodes utilisées pour la réalisation, reportez-vous aux Techniques des travaux d'aiguille, pages 150-154. Préparez le canevas. Le motif est réalisé au demi-point de croix avec un brin de fil. Chaque carreau du diagramme représente un point sur le canevas. Réalisez le motif dans la gamme de coloris n° 1 (diagramme) ou n° 2 (photographie). Étirez l'ouvrage terminé avant d'assembler le dos. Posez la bordure.

Patchwork afghan

Calme et discrète, audacieuse et vive, la couleur fait partie de la magie de l'Asie. Dans sa palette éblouissante, j'ai choisi des couleurs qui me rappellent les coloris subtils et harmonieux des teintures naturelles.

Avant l'utilisation des premières teintures chimiques dans les années 1850, les couleurs ne provenaient que de sources naturelles. La racine de garance, les cochenilles fournissaient du rouge ; le safran donnait du jaune, de même que la peau des grenades et des oignons ; l'indigo donnait du bleu ; les coquilles de noix et les écorces de chêne et de noyer fournissaient du brun : les baies mûres de curcuma et du fil jaune avec de l'indigo donnaient du vert. Comme les même plantes ne poussaient pas partout et que les méthodes de teinture différaient selon les régions, les couleurs des tissages variaient. Les recettes de ces superbes couleurs qui vieillissaient si bien se transmettaient oralement entre générations ; beaucoup sont à jamais perdues.

Pour mon Patchwork afghan, je me suis inspirée des couleurs de ces teintures naturelles. Tout en me servant de teintures synthétiques, je me suis efforcée d'harmoniser les teintes et, pour la gamme dominante rouge, ainsi que sa variante bleue, d'utiliser les couleurs que les tribus nomades d'Asie se procuraient le plus aisément. Mes bleus, du marine au bleu pâle, représentent l'indigo ; les rouges et le rose, le garance ; le jaune est le safran ; le vert est le fil jaune passé à l'indigo ; le crème et le marron foncé sont les couleurs naturelles de la laine de mouton. La simplicité du motif se prête aux divers jeux des coloris si bien qu'il ne vous reste qu'à ouvrir votre boîte de peinture.

Fiche pratique

FOURNITURES

Fil Laine à tapisserie DMC dans les coloris suivants. (Les quantités indiquées sont approximatives.)

Coussin : combinaison de couleurs n° 1

7529 18 m
7147 38 m
7169 32 m
7166 13 m
7506 11 m
7361 26 m
7282 9 m
7491 26 m

Combinaison de couleurs n° 2

7299 59 m
7306 42 m
7650 40 m
7147 26 m
7166 26 m
7594 23 m
7491 26 m

Canevas Canevas unifil n° 13 : 1 carré de 46 cm de côté.

Matériel de finition 50 cm de tissu pour le dos et fil assorti. Une fermeture à glissière de 30 cm. 152 cm de ganse pour la bordure (facultative).

Ensemble du motif
191 points de largeur sur 191 points de hauteur.

Motif terminé
1 carré de 37 cm de côté.

RÉALISATION

Tapis Pour plus d'informations pratiques sur les méthodes utilisées pour la réalisation, reportez-vous aux Techniques des travaux d'aiguille, pages 150-154. Préparez le canevas. Les dimensions d'un ouvrage terminé ne dépendent pas seulement de la dimension du diagramme mais aussi de la taille des trous. Avec un canevas unifil n° 7 (et non n° 13 comme pour le coussin ci-dessous) et si vous prenez deux brins de fil au lieu d'un, les dimensions de l'ouvrage terminé peuvent passer de 38 cm au carré à 68,5 cm au carré. Pour calculer la quantité de fil nécessaire, vous devez alors choisir votre thème coloré et, pour chaque coloris, multiplier la quantité indiquée ci-dessus par deux et demi. Un ouvrage de cette dimension peut faire un superbe coussin à disposer par terre. Vous pouvez aussi broder deux motifs et les coudre côte à côte pour obtenir un tapis. Si vous voulez un tapis plus grand, faites quatre ou six ouvrages.
Le motif est réalisé au demi-point de croix avec deux brins de fil. Chaque carreau du diagramme représente un point sur le canevas. Suivez le diagramme pour exécuter le motif comme sur la photographie (gamme de coloris n° 1) ou le diagramme (n° 2). Étirez les ouvrages terminés avant de les assembler (voir page 152) et de les doubler.

Coussin Suivez les instructions données pour le tapis mais en n'utilisant qu'un brin de fil. Étirez l'ouvrage avant d'assembler le dos. Posez la bordure.

BAZAR INDIEN

INSPIRÉS PAR LES MAGNIFIQUES BRODERIES QUI DÉCORENT LES TROUSSEAUX DES MARIÉES, CES TROIS ÉTUIS À LUNETTES DONNENT UNE IDÉE DE LA RICHESSE ET DE LA SOMPTUOSITÉ DES MOTIFS ET DES COULEURS QUI CARACTÉRISENT LA CULTURE INDIENNE.

En Inde, une jeune fille passe la majeure partie de son enfance auprès des femmes de sa famille à broder les tissus qui feront partie de sa dot. La jeune épousée apportera dans sa nouvelle demeure des vêtements pour elle et pour son mari, des tentures pour meubler et décorer la maison, des harnachements pour les animaux domestiques, richement brodés ou ornés d'appliqués, et souvent agrémentés de petits miroirs. Ces motifs particuliers sont des représentations abstraites ou très conventionnelles de fleurs, de feuillages, d'oiseaux ou d'animaux terrestres ou tirés de la mythologie locale, interprétés de façon très colorée. Le déploiement de broderies est d'une grande importance lors des cérémonies des noces. L'épouse joint à sa dot des cadeaux brodés — sacs et bourses — qui seront échangés selon les rituels du mariage.

C'est plongée dans l'opulence de la broderie indienne que j'ai dessiné ces trois étuis à lunettes. J'ai choisi pour le premier un motif floral inspiré par un dais de mariage ; pour le second un paon stylisé, motif populaire de l'artisanat indien ; et pour le troisième un motif géométrique typique de la tribu nomade Banjara. Les étuis à lunettes sont des cadeaux charmants, faciles à faire.

Fiche pratique

FOURNITURES

Fil Laine à tapisserie DMC dans les coloris suivants. (Les quantités indiquées sont approximatives.)

Étui : combinaison n° 1

	7242	10 m
	7127	12 m
	7157	5 m
	7362	5 m
	7444	3 m
	7725	2 m
	Écru	23 m

Étui : combinaison n° 2

	7127	8 m
	7157	5 m
	7711	6 m
	7362	33 m
	7767	5 m
	Écru	7 m

Étui : combinaison n° 3

	Noir	15 m
	7446	16 m
	7196	15 m
	7725	20 m
	7362	5 m
	Écru	7 m

Canevas Pour chaque étui, canevas unifil n° 13 : 1 carré de 24 cm de côté.

Matériel de finition Un petit morceau de tissu pour la doublure et fil assorti.

Ensemble du motif
Étui n° 1 : 96 points de largeur sur 91 points de hauteur.
Étui n° 2 : 96 points de largeur sur 94 points de hauteur.
Étui n° 3 : 96 points de largeur sur 94 points de hauteur.

Motif terminé
Étui n° 1 : 20 cm sur 19 cm.
Étui n° 2 : 20 cm sur 20 cm.
Étui n° 3 : 20 cm sur 20 cm.

RÉALISATION

La méthode est la même pour les trois étuis. Pour plus d'informations pratiques sur les méthodes utilisées pour la réalisation, reportez-vous aux Techniques des travaux d'aiguille, pages 150-154. Préparez le canevas. Le motif est exécuté au demi-point de croix avec un brin de fil. Chaque carreau du diagramme représente un point sur le canevas. Suivez le diagramme qui doit être exécuté deux fois. Étirez l'ouvrage terminé avant de réduire l'excès de canevas à 1 cm. Repliez sur l'envers le long des bords supérieur et inférieur. Coupez un morceau de doublure de la même dimension que l'ouvrage en ajoutant 1 cm pour les coutures. Repliez la marge de la couture sur l'envers, repassez, épinglez à la broderie. Piquez la doublure au canevas. Pliez en deux dans le sens de la longueur, envers contre envers et assemblez les bords au demi-point de croix.

AIGLE DU TURKESTAN

UN AIGLE ABSTRAIT À L'ÉCLAT DE PIERRE PRÉCIEUSE ORNE CE TABOURET. LE STYLE EST TYPIQUE DES SOMPTUEUX MOTIFS DU TURKESTAN, QUI SE DÉTACHENT BIEN SUR LES PAYSAGES ÂPRES ET DÉCOLORÉS.

Les bergers nomades farouchement indépendants des vastes steppes des déserts et des montagnes du Turkestan vivent sous de grandes tentes rondes en feutre. Dans ces sombres yourtes, de vibrantes associations de couleurs et de textures ornent toutes les surfaces. De grands panneaux de soie tissée provenant de la dot décorent les parois du fond. Partout, au lieu d'étagères ou de penderies, des sacs tissés et brodés sont remplis d'objets, de vêtements et d'ustensiles de cuisine. Une literie colorée s'entasse, des tapis de toutes tailles sont étalés sur le sol. À la couleur apportée par l'ameublement s'ajoutent la riche texture et les motifs des vêtements de soie et de coton, des turbans, des robes.

Pour recouvrir ce tabouret, j'ai emprunté le motif d'un couvercle de panier à pain et je l'ai agrandi. Il représente l'aigle à deux têtes — antique symbole de souveraineté en Asie centrale. Sur les tissus du Turkestan, les oiseaux, les animaux terrestres, sont interprétés de façon si abstraite qu'ils sont méconnaissables.

Vous pouvez aussi utiliser ce motif pour un coussin. Soyez audacieux : faites-en plusieurs et disposez-les sur un canapé, ou assemblez les ouvrages pour faire un pouf (voir la technique pages 150-154).

Fiche pratique

FOURNITURES

Fil Laine à tapisserie DMC dans les coloris suivants. (Les quantités indiquées sont approximatives.)

Tabouret

- Noir 4 m
- 7207 28 m
- 7127 21 m
- 7242 15 m
- 7676 29 m
- 7767 16 m
- 7492 5 m

Canevas Canevas unifil n° 12 : 1 carré de 41 cm de côté.

Matériel de finition Tresse de 127 cm de longueur.

Ensemble du motif
147 points de largeur sur 147 points de hauteur.

Motif terminé
1 carré de 31 cm de côté.

RÉALISATION

Pour plus d'informations pratiques sur les méthodes utilisées pour la réalisation, reportez-vous aux Techniques des travaux d'aiguille, pages 150-154. Préparez le canevas. Le motif est exécuté au demi-point de croix, avec un brin de fil. Chaque carreau du diagramme représente un point sur le canevas. Brodez le motif en suivant le diagramme. Étirez l'ouvrage terminé. Tendez-le sur le siège et clouez les semences de tapissier aussi près que possible des limites du motif. Coupez le surplus de canevas. Cousez ou collez la tresse.

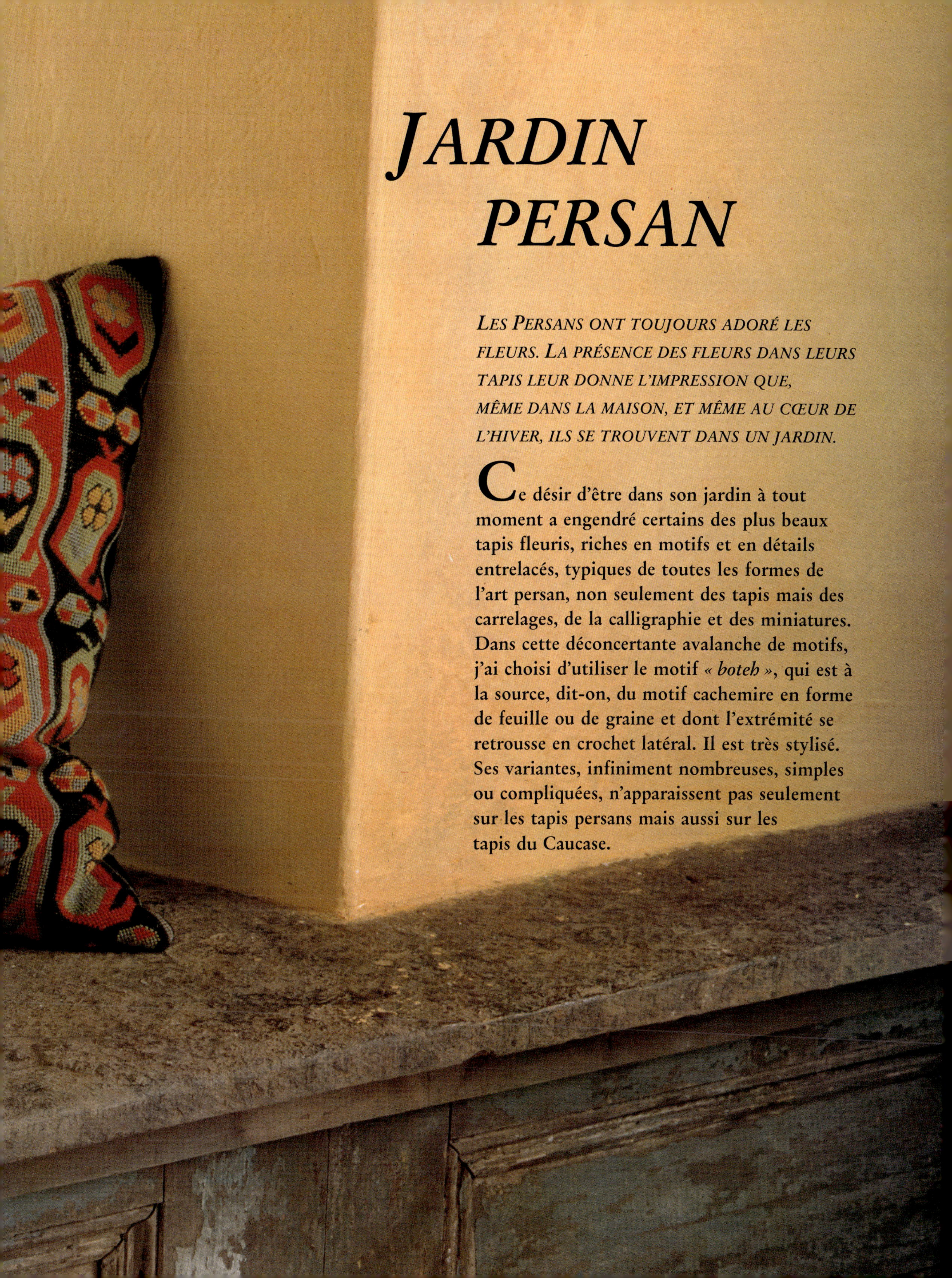

JARDIN PERSAN

LES PERSANS ONT TOUJOURS ADORÉ LES FLEURS. LA PRÉSENCE DES FLEURS DANS LEURS TAPIS LEUR DONNE L'IMPRESSION QUE, MÊME DANS LA MAISON, ET MÊME AU CŒUR DE L'HIVER, ILS SE TROUVENT DANS UN JARDIN.

Ce désir d'être dans son jardin à tout moment a engendré certains des plus beaux tapis fleuris, riches en motifs et en détails entrelacés, typiques de toutes les formes de l'art persan, non seulement des tapis mais des carrelages, de la calligraphie et des miniatures. Dans cette déconcertante avalanche de motifs, j'ai choisi d'utiliser le motif *« boteh »*, qui est à la source, dit-on, du motif cachemire en forme de feuille ou de graine et dont l'extrémité se retrousse en crochet latéral. Il est très stylisé. Ses variantes, infiniment nombreuses, simples ou compliquées, n'apparaissent pas seulement sur les tapis persans mais aussi sur les tapis du Caucase.

Pour le motif Jardin persan, j'ai conçu deux gammes très différentes de coloris. Pour la première (voir le coussin), les couleurs sombres ont été inspirées par une exposition de textiles du Bhoutan, contrée où les tissus sont considérés comme les formes les plus élevées d'expression artistique.

À la différence de la gamme de coloris nº 1, la gamme des couleurs pour ce polochon est un arc-en-ciel de teintes vives et claires — jaune d'or, orange, rose, vert et bleu — avec, pour le contraste, beaucoup de crème et de bleu marine. Au lieu de disposer le motif en bandes verticales, vous pouvez essayer des bandes horizontales ou obliques ou former des blocs de couleur pour créer un effet de patchwork. Si vous voulez un motif plus simple, exécutez tous les *boteh* sur un fond uni. J'ai utilisé les mêmes fleurs pour remplir tous les *boteh*, mais vous pouvez aussi faire chaque *boteh* différent en ne le garnissant pas uniquement de fleurs, mais de feuilles, d'animaux, de personnages ou même d'outils de jardinage, bref, de tout ce qu'on peut trouver dans un jardin.

Fiche pratique

FOURNITURES

Fil Laine à tapisserie DMC dans les coloris suivants. (Les quantités indiquées sont approximatives.)

Coussin : combinaison de couleurs n° 1

Noir	76 m
7127	108 m
7781	55 m
7362	64 m
7273	34 m

Polochon : combinaison de couleurs n° 2

Écru	58 m
7297	70 m
7926	44 m
7362	13 m
7196	48 m
7920	46 m
7446	14 m
7506	39 m

Canevas Pour les 2 ouvrages, canevas unifil n° 12 : 1 rectangle de 53 cm sur 59 cm.

Matériel de finition Housse de coussin : 60 cm de tissu pour le dos et fil assorti. Fermeture à glissière de 35 cm. 94 cm de ganse pour la bordure (facultative).

Ensemble du motif
200 points de largeur sur 232 points de hauteur.

Motif terminé
1 rectangle de 43 cm sur 49 cm.

RÉALISATION

Pour plus d'informations pratiques sur les méthodes utilisées pour la réalisation, reportez-vous aux Techniques des travaux d'aiguille, pages 150-154. Préparez le canevas. Le motif est brodé au demi-point de croix avec un brin de fil. Chaque carreau du diagramme représente un point sur le canevas. En suivant le diagramme, exécutez les rangées 1 à 116 puis recommencez pour achever le motif. Travaillez soit dans la gamme de coloris n° 1 (photographie) ou n° 2 (diagramme). Étirez l'ouvrage terminé avant d'assembler le dos (coussin) ou de former le polochon (voir page 153).

ÉLÉPHANT DU RĀJASTHĀN

SUR UN FOND DE COULEURS VIBRANTES OÙ TOUT EST EXCESSIF, L'ÉLÉPHANT MAJESTUEUX EST UTILISÉ DEPUIS DES SIÈCLES POUR DÉCORER UN GRAND NOMBRE DE TEXTILES.

En créant l'Éléphant du Rājasthān, je voulais rappeler l'influence qu'ont eu sur moi les audacieux appliqués des villages de l'ouest de l'Inde. De grands appliqués sont d'ordinaire utilisés comme dais et comme frises pendant les cérémonies, ou comme harnachements pour les animaux domestiques (couvertures des bœufs). Ils sont faits de morceaux de tissu coloré cousus sur un fond de coton uni. Les motifs sont stylisés. Ils incorporent des animaux et des personnages, et leurs couleurs éclatantes — rouge, jaune, vert, turquoise, rose, violet, divers bleus — donnent du relief aux paysages arides. En Inde, l'éléphant est souvent représenté sur les appliqués : on le tient en grande estime car il transporte les divinités ou les rois pendant les cérémonies.

Pour mieux rendre la naïveté de ces appliqués, j'ai utilisé un canevas plus grossier bien que le motif convienne tout aussi bien à un canevas fin. Sa merveilleuse simplicité permet d'exploiter sans fin le motif éléphant, sur les bordures, les tapisseries de chaises et de tabourets, les polochons, les étuis à lunettes et même les ceintures. Laissez-vous séduire par les couleurs vibrantes ou remplacez le bleu par du crème : il existe bien d'autres combinaisons.

Fiche pratique

FOURNITURES

Fil Laine à tapisserie DMC dans les coloris suivants. (Les quantités indiquées sont approximatives.)

Coussin

■	7299	123 m
■	7157	39 m
■	7797	8 m
■	7767	38 m
■	7360	7 m
■	7127	37 m
■	7138	26 m
■	7861	6 m
■	7711	9 m
■	7362	9 m

Canevas Canevas unifil n° 7 : 1 rectangle de 58 cm sur 53 cm.

Matériel de finition 60 cm de tissu pour le dos et fil assorti. Fermeture à glissière de 35 cm. 185 cm de ganse pour la bordure (facultative).

Ensemble du motif
131 points de largeur sur 119 points de hauteur.

Motif terminé
46 cm sur 43 cm.

RÉALISATION

Pour plus d'informations pratiques sur les méthodes utilisées pour la réalisation, reportez-vous aux Techniques des travaux d'aiguille, pages 150-154. Préparez le canevas. Le motif est exécuté au demi-point de croix avec deux brins de fil. Chaque carreau du diagramme représente un point sur le canevas. Exécutez le motif en suivant le diagramme. Étirez l'ouvrage avant d'assembler le dos. Posez la bordure.

ÉTOILE DU NOMADE

TROIS MOTIFS SIMPLES, UNE FEUILLE, UNE ÉTOILE ET UN LOSANGE, FORMENT UNE SUPERBE COMBINAISON D'IMAGES AUX COULEURS ET AUX DESSINS VARIÉS.

Quand les nomades voulurent introduire des motifs dans leurs tapis, ils s'inspirèrent des objets naturels de leur environnement : fleurs, arbres, animaux, objets célestes, ustensiles garnissant les tentes. Les dessins simplifiés de ces objets ont été de plus en plus stylisés pour aboutir parfois à des motifs abstraits.

J'ai choisi ici l'étoile à huit branches — très ancien motif de tapis — contenue dans un losange et j'ai disposé cet ensemble dans une résille de feuilles aux marges en dents de scie. J'ai complété ce motif précieux avec une bordure de fleurs et l'ai associé à des couleurs douces.

Fiche pratique

FOURNITURES

Fil Laine à tapisserie DMC dans les coloris suivants. (Les quantités indiquées sont approximatives.)

Housse de coussin

7535 55 m

7492 26 m

7781 51 m

7147 18 m

7127 16 m

7226 24 m

7196 24 m

7446 11 m

7306 27 m

7363 11 m

7326 20 m

Canevas Canevas unifil n° 12 : 1 carré de 48 cm de côté.

Matériel de finition 50 cm de tissu pour le dos et fil assorti. Fermeture à glissière de 30 cm. 157 cm de ganse pour la bordure (facultative).

Ensemble du motif
179 points de largeur sur 177 points de hauteur.

Motif terminé
38 cm sur 37 cm.

RÉALISATION

Pour plus d'informations pratiques sur les méthodes utilisées pour la réalisation, reportez-vous aux Techniques des travaux d'aiguille, pages 150-154. Préparez le canevas. Le motif est brodé au demi-point de croix avec un brin de fil. Chaque carreau du diagramme représente un point sur le canevas. Brodez le motif en suivant le diagramme. Étirez l'ouvrage terminé avant d'assembler le dos. Posez la bordure.

L'Afrique

Quand j'étais enfant, l'immense Afrique me paraissait un continent sauvage coupé en deux par la terre désertique et broussailleuse du Sahara. Il y avait d'un côté, vers l'est, les pyramides d'Égypte et de l'autre côté Ingrid Bergman et Humphrey Bogart dans le film *Casablanca* — les deux mondes étant reliés par un voyage à dos de chameau, long et pénible, dans la chaleur brûlante (c'était plus romantique). Avec mon frère et ma sœur et l'aide d'une malle de déguisement, j'essayais de donner vie à tout cela autour de la table de la cuisine.

À l'école, les cours de géographie firent perdre à l'Afrique son attrait romantique pour la transformer en une suite interminable de cartes qui signalaient la pluviosité, les sources des fleuves, les populations, le commerce. J'appris que c'était un lieu de terribles catastrophes, où les gens devaient affronter des climats et des paysages contrastés, mais personne ne me parla des éléments visuels de la culture africaine. J'eus mon premier contact avec eux par hasard.

Pour m'aider à rédiger un essai sur les Eskimos, un de mes tuteurs au collège me conseilla une visite à la bibliothèque du Museum of Mankind à Londres. J'y passai toute une journée mais ne parvins jamais à la bibliothèque : j'avais découvert l'art africain.

Je vis des pendants d'oreilles et des bracelets en ivoire sculpté, des masques, des peignes en bois, des portes peintes de motifs géométriques ou symboliques et des représentations d'êtres humains, d'animaux et de personnages mythiques. C'est ainsi que naquit ma fascination pour cette terre si riche en beaux objets de style puissant et d'une grande force primitive, qui révèlent souvent une extraordinaire habileté artisanale.

Dès que je commençai à explorer la richesse artistique africaine, il m'apparut que les objets et leur structuration changeaient selon le style de vie et les contacts culturels des peuplades disséminées sur le continent. Ils changaient même en fonction du terrain sur lequel vivaient les tribus, déserts, forêts, savane ou montagne. Les matériaux, les motifs, les techniques étaient d'origine locale ou étrangère, venus par les routes commerciales. Les objets pouvaient être inspirés par des légendes ou des croyances locales, ou être le fruit de l'esprit créatif de l'artisan. Rien n'était purement décoratif. Les objets sculptés, les textiles façonnés, les bijoux agencés, les corps peints étaient tous décorés pour exprimer des valeurs, des croyances, des hauts faits. Ils avaient un rôle à jouer dans le rituel et les cérémonies, protégeaient du mal et des maladies. Bref, ils servaient de moyen de communication avec les dieux et les ancêtres.

J'ai voulu dans ce chapitre mettre en valeur les textiles africains. C'est d'abord en Tunisie, si proche de la côte sud de l'Europe, que j'ai découvert des tapis tissés mêlant des motifs floraux, figuratifs et géométriques travaillés en bleu clair et en jaunes divers. Vers l'ouest, sur les pentes souvent inhospitalières de l'Atlas, j'ai trouvé les superbes et flamboyants tapis berbères avec leurs riches combinaisons colorées et la vigoureuse géométrie de leurs styles. Plus au sud, sur le chemin de la forêt équatoriale, dans la brousse et les vastes plaines herbues et buissonneuses, j'ai pu voir une riche tradition de textiles et, venant du Nigéria, des robes unies ou rayées ornées à l'encolure de spirales, de triangles, de carrés et de cercles brodés. J'ai aussi découvert des tissus décorés au moyen de techniques de teinture astucieuses. Le tissu peut être isolé de la teinture par une ligature ou, pour un dessin plus précis, en cousant ou en attachant des batonnets, des cailloux ou des graines dans le tissu avant de le teindre. Les tribus du Ghana fabriquent des vêtements composés de bandes aux couleurs et aux motifs variés. Ces tissages en bandes aux motifs et coloris vibrants ont inspiré mon travail, surtout Dames et ciseaux (pages 72-79). Les drapeaux brodés et appliqués des guerriers Asafo, avec leurs images abstraites ou décoratives ressemblant à des dessins d'enfants, viennent aussi du Ghana. J'ai été séduite également par les dessins géométriques de la tribu Shoowa, au Zaïre, qui tisse le raphia et le décore de motifs labyrinthiques remplis de lignes entrelacées et de carrés couleur de terre.

Ce faisant, je continue à voyager à travers le « continent noir », essayant de capter dans les ouvrages les puissants motifs graphiques ou l'imagerie merveilleuse, reproduite à main levée non seulement sur les tissus mais aussi sur les bois sculptés, les bijoux, les objets utilitaires et même les corps. Allez dans les musées, vous y découvrirez l'art africain. Allez dans les bibliothèques, regardez et lisez. Fréquentez les boutiques et les galeries spécialisées qui se multiplient pour répondre à la demande créée par la mode du style ethnique.

CHEVRONS ZOULOUS

DONNEZ À VOTRE MAISON UN PEU DE LA MAGIE AFRICAINE – CHEVRONS DANSANTS, RAYURES ET LOSANGES ASSOCIÉS, AUX COULEURS DE TERRE.

En Afrique du Sud, à cause de mon amour des motifs géométriques, j'ai été séduite par les maisons et les murs peints des villages. À l'aide d'outils rudimentaires, ou simplement avec les doigts, les femmes couvrent toutes les surfaces de la maison d'un patchwork de formes abstraites, carrés, triangles, chevrons et rectangles. Ces figures sont peintes en subtiles couleurs de terre et leurs contours sont souvent vigoureusement soulignés de noir. Le pigment provient de l'argile, de la vase, de la bouse de vache et du jus de baies et de plantes.

En partant de ces couleurs et en pensant aux maisons peintes, je me suis efforcée de me servir autrement de mon canevas, comme si, moi aussi, je décorais des murs et non un textile. La plupart des motifs de tapisserie sont de format quadrangulaire et deviennent des coussins. Un abat-jour m'a paru idéal pour servir l'audacieuse simplicité de ce motif. J'ai imaginé deux rangées de triangles, colorés au hasard, surmontant un large chevron qui danse dans la lumière.

Fiche pratique

FOURNITURES

Fil Laine à tapisserie DMC dans les coloris suivants. (Les quantités indiquées sont approximatives.)

Abat-jour

7535 36 m

7724 23 m

7506 14 m

7508 27 m

7446 26 m

7226 9 m

Canevas Canevas à maille torse n° 12 : 1 rectangle de 53 cm sur 35 cm.

Matériel de finition Une carcasse d'abat-jour de 20 cm de diamètre sur 13 cm de hauteur. 97 cm de ganse pour la bordure (facultative). Papier de doublure.

Ensemble du motif
201 points de largeur sur 100 points de hauteur.

Motif terminé
43 cm sur 20 cm.

RÉALISATION

Pour plus d'informations pratiques concernant les méthodes utilisées pour la réalisation, reportez-vous aux Techniques des travaux d'aiguille, pages 150-154. Préparez le canevas. Le motif est exécuté au demi-point de croix avec un brin de fil. Chaque carreau du diagramme représente un point sur le canevas. Brodez le motif en suivant le diagramme. Étirez l'ouvrage terminé. Coupez l'excès de canevas. Cousez les deux bords au point arrière, fixez à la carcasse. Doublez l'abat-jour de papier, gansez le haut et le bas.

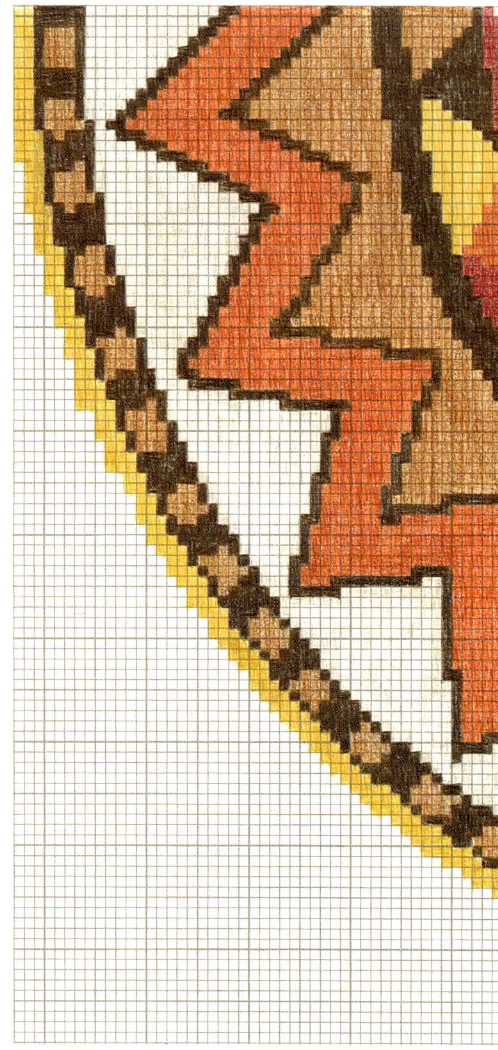

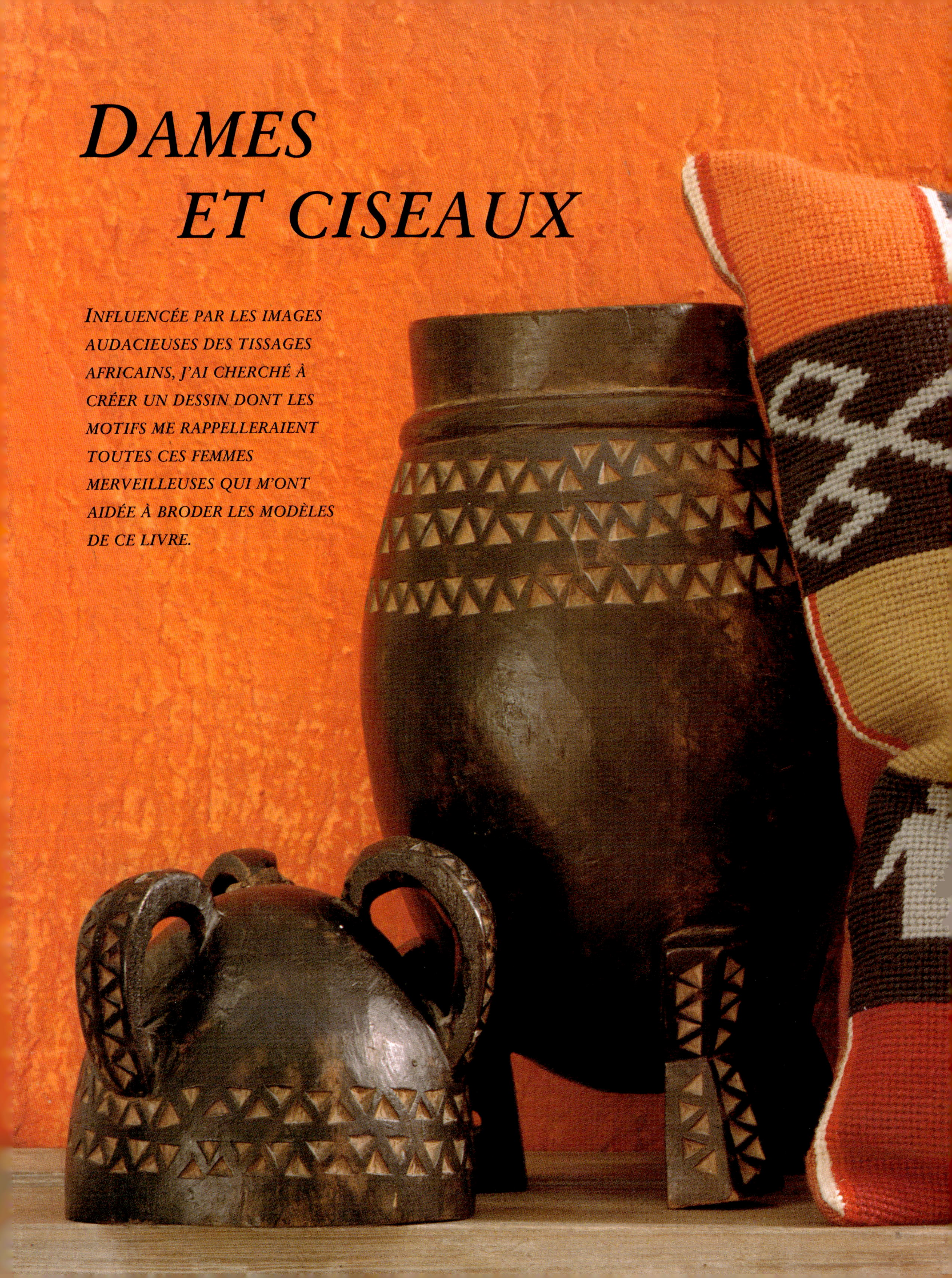

DAMES ET CISEAUX

INFLUENCÉE PAR LES IMAGES AUDACIEUSES DES TISSAGES AFRICAINS, J'AI CHERCHÉ À CRÉER UN DESSIN DONT LES MOTIFS ME RAPPELLERAIENT TOUTES CES FEMMES MERVEILLEUSES QUI M'ONT AIDÉE À BRODER LES MODÈLES DE CE LIVRE.

Les tissages Ashanti et Ewe nous viennent des régions chaudes et humides d'Afrique tropicale. Le tissu est composé de bandes aux couleurs et aux motifs différents qui créent un effet de damier coloré. Ces bandes, de 10 à 30 cm de largeur, sont tissées en coton et en soie avec un métier portatif. Elles sont coupées et cousues côte à côte pour faire des pièces d'étoffe à porter comme des toges par les hommes et les femmes, des couvertures ou des tentures murales. Le tisserand peut assembler jusqu'à cent bandes et les raccords entre les motifs voisins exigent expérience et habileté. La couleur est abondamment utilisée : combinaisons de blanc et de bleus variés, couleurs vives et acides, citron vert, jaune, bleu vif, rose bonbon, qui se heurtent violemment. Les motifs du tissage, très décoratifs, sont parfois de simples figures géométriques (losanges, croix, étoiles) ou des images naturalistes de la vie quotidienne (poissons, oiseaux, personnages, objets utilitaires mais aussi automobiles et aéroplanes).

Pour ces motifs, dédiés à mes diligentes brodeuses, j'ai créé des blocs formés de mains et de ciseaux. Le tissage en bandes est typique de l'Afrique occidentale, tout comme les associations de couleurs. Dans le premier motif (page précédente), de chauds coloris terre et vert olive se détachent sur du bleu marine. Dans le second, totalement différent, plusieurs tons de bleus jouent avec du crème et une touche terre cuite. Ne vous limitez pas à ces associations, créez les vôtres : ce motif est parfait pour utiliser les restes de fil. Vous pouvez, par votre dessin, raconter une histoire. Vous pouvez aussi utiliser lettres et chiffres pour rappeler une date de naissance ou de mariage. Les possibilités sont infinies.

Fiche pratique

FOURNITURES

Fil Laine à tapisserie DMC dans les coloris suivants. (Les quantités indiquées sont approximatives.)

Housse de coussin : combinaison n° 1

- 7297 63 m
- Écru 14 m
- 7692 32 m
- 7504 12 m
- 7677 19 m
- 7360 18 m
- 7127 13 m
- 7139 19 m
- 7362 12 m

Combinaison n° 2

- 7299 12 m
- Écru 56 m
- 7306 47 m
- 7311 26 m
- 7926 16 m
- 7594 16 m
- 7446 12 m

Canevas Canevas unifil n° 12 : 1 carré de 46 cm de côté.

Matériel de finition 50 cm de tissu pour le dos du coussin et fil assorti. Fermeture à glissière de 30 cm. 152 cm de ganse pour la bordure (facultative).

Ensemble du motif
175 points de largeur sur 175 points de hauteur.

Motif terminé
1 carré de 37 cm de côté.

RÉALISATION

Pour plus d'informations pratiques concernant les méthodes utilisées pour la réalisation, reportez-vous aux Techniques des travaux d'aiguille, pages 150-154. Préparez le canevas. Le motif est exécuté au demi-point de croix avec un brin de fil. Chaque carreau du diagramme représente un point du canevas. Brodez le motif en suivant le dessin et consultez le diagramme (combinaison n° 1) ou la photographie (combinaison n° 2). Étirez l'ouvrage terminé avant d'assembler le dos. Posez la bordure.

BLEUS NIGÉRIANS

SORTEZ DANS LA CHALEUR D'UNE JOURNÉE D'ÉTÉ, CE SIMPLE SAC À LA MAIN. SES BLEUS RAPPELLENT TOUS LES BLEUS DU CIEL, DEPUIS LA PÂLEUR DU MATIN JUSQU'AU BLEU NUIT.

La teinture à l'indigo est longtemps restée une spécialité du Nigeria. L'étoffe est plongée dans un bain d'indigo : elle en sort verte, puis la couleur s'oxyde et bleuit.

J'ai considéré ma corbeille de laines comme une bassine de teinture indigo et j'ai choisi plusieurs teintes de bleus que j'ai travaillées en un motif simple, mais audacieux.

Fiche pratique

FOURNITURES

Fil Laine à tapisserie DMC dans les coloris suivants. (Les quantités indiquées sont approximatives.)

Sac

Écru 93 m

7299 18 m

7920 46 m

7797 46 m

7424 20 m

7650 13 m

7313 24 m

7799 24 m

7399 16 m

7555 15 m

Canevas Canevas unifil n° 12 : 1 rectangle de 69 cm sur 42 cm.

Matériel de finition 50 cm de tissu pour la doublure et fil assorti. Cordonnet.

Ensemble du motif
284 points de largeur sur 152 points de hauteur.

Motif terminé
61 cm sur 32 cm.

RÉALISATION

Pour plus d'informations pratiques concernant les méthodes utilisées pour la réalisation, reportez-vous aux Techniques des travaux d'aiguille, pages 150-154. Préparez le canevas. Le motif est entièrement exécuté au demi-point de croix avec un brin de fil. Chaque carreau du diagramme représente un fil du canevas. Les 142 points de largeur du diagramme représentent un côté du sac. Dupliquez-le pour l'autre côté (pour un total de 284 points). Étirez l'ouvrage terminé, réduisez le surplus de canevas à une marge de 1 cm. Pliez l'ouvrage en deux dans le sens de la longueur, envers contre envers, assemblez au demi-point de croix (page 152). Pour le fond du sac, coupez un cercle de 19 cm de diamètre dans le tissu de doublure en ajoutant 1 cm tout autour pour la couture. Assemblez les bords des parois du fond, à la main (points arrière) ou à la machine. Crantez les bords et la circonférence à intervalles réguliers.

Coupez une bande de tissu de doublure de 19 cm de hauteur sur 63 cm de longueur pour doubler les parois du sac. Ajustez les extrémités de la bande en laissant une ouverture de 2,5 cm. Endroit contre endroit, cousez le haut du sac au bord du tissu, du côté opposé à l'ouverture. Pliez le tissu en deux vers l'intérieur du sac. Préparez le bord du tissu en faisant sur l'envers un rentré de 1,5 cm. Épinglez à l'ouvrage. Cousez. Faites deux rangées de points sur le tissu (en prenant les deux épaisseurs) pour former une gaine pour le cordonnet : un rang de points juste au ras du haut de la broderie et l'autre à 2,5 cm au-dessus (c'est-à-dire en continuité avec l'ouverture de la couture). Coupez le cordonnet à la longueur voulue, nouez les extrémités.

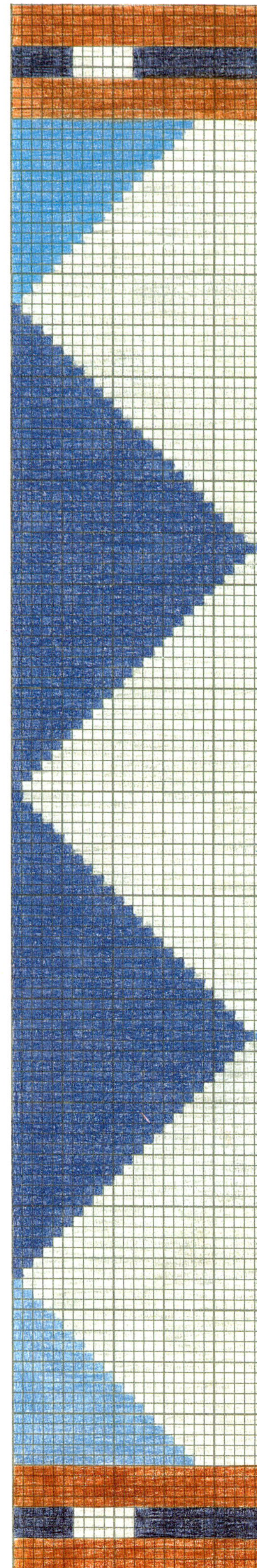

Cercle saharien

Même son panier est pour l'Africaine une expression artistique.

Bien avant de façonner leur première poterie, les tribus africaines tissaient des paniers pour conserver, transporter et même cuire leurs denrées. Elles en fabriquent encore aujourd'hui avec du raphia et leurs vigoureux motifs paraissent faire écho à l'austérité de la vie tribale, même si celle-ci est peu susceptible de les inspirer.

J'ai exploité ma collection de paniers africains pour concevoir ce motif répétitif. J'aime tout spécialement celui-ci, qui ressemble au ralentissement d'un tourbillon. J'ai conservé le format circulaire et exploité deux combinaisons de couleurs très différentes. Dans la première (page précédente), mes couleurs rappellent le désert (roses éteints, jaune grès, bruns doux avec des touches de bleu, de vert, de marron très foncé). Dans la seconde, les coloris sont plus vifs et plus représentatifs des tissages d'Afrique occidentale — orange, bourgogne, jaune pâle, violet, vert —, contrastant violemment avec le crème et l'indigo.

Si vous utilisez ce motif sur un siège ayant une surface dure et vouliez obtenir un effet de fronces, je vous conseille de garnir le coussin d'une mousse épaisse, comme je l'ai fait. Pour un coussin plus mou et plus épais, quand vous doublez l'ouvrage terminé, faites un coussin à soufflet, comme pour Étoiles mexicaines (voir Réalisation page 126).

Fiche pratique

FOURNITURES

Fil Laine à tapisserie DMC dans les coloris suivants. (Les quantités indiquées sont approximatives.)

Coussin : combinaison n° 1

- 7535 24 m
- 7196 50 m
- 7508 9 m
- 7124 9 m
- 7421 9 m
- 7504 27 m
- 7579 26 m
- 7327 18 m

Combinaison n° 2

- 7297 48 m
- 7861 22 m
- 7579 43 m
- 7255 9 m
- 7207 16 m
- 7508 9 m
- 7361 17 m
- 7439 10 m

Canevas Canevas unifil n° 12 : 1 carré de 48 cm de côté.

Matériel de finition 50 cm de tissu pour le dos du coussin et fil assorti. Fermeture à glissière de 30 cm. Garniture ronde en mousse de 37 cm de diamètre et 3 cm d'épaisseur. 117 cm de ganse pour la bordure (facultative).

Ensemble du motif
181 points de largeur sur 181 points de hauteur.

Motif terminé
1 rond de 38 cm de diamètre.

RÉALISATION

Pour plus d'informations pratiques concernant les méthodes utilisées pour la réalisation, reportez-vous aux Techniques des travaux d'aiguille, pages 150-154. Préparez le canevas. Le motif est exécuté au demi-point de croix avec un brin de fil. Chaque carreau du diagramme représente un fil sur le canevas. Exécutez le motif en suivant le diagramme, dans la combinaison colorée n° 1 (diagramme) ou n° 2 (photographie). Étirez l'ouvrage terminé avant d'assembler le dos. Posez la bordure.

MOTIFS CONGOLAIS

LES MOTIFS AFRICAINS TISSÉS ET IMPRIMÉS SUR TISSUS SE RETROUVENT DANS LES SCULPTURES SUR BOIS, LES BIJOUX, LA DÉCORATION DES MAISONS ET LES PEINTURES CORPORELLES.

L'art africain abonde en motifs géométriques simples et en motifs répétitifs puissants. J'ai été séduite et inspirée par les superbes tissus de raphia fabriqués par les Kupa, sur les rives du fleuve Congo au Zaïre. En m'efforçant de capter leur simplicité graphique, j'ai dessiné chaque ouvrage en associant le noir et le blanc ou le noir et l'ocre. Les motifs géométriques sont l'idéal pour tout créateur désirant mettre en œuvre son propre choix de couleurs.

Fiche pratique

FOURNITURES

Fil Laine à tapisserie DMC dans les coloris suivants. (Les quantités indiquées sont approximatives.)

Cadre n° 1

7535 25 m

Écru 14 m

Cadre n° 2

7535 31 m

7508 16 m

Cadre n° 3

7535 38 m

Écru 19 m

Canevas Canevas à maille bloquée n° 12.
N° 1 et n° 2 : 1 rectangle de 32 cm sur 27 cm.
N° 3 : 1 carré de 32 cm de côté.

Matériel de finition Carton, ruban adhésif.

Ensemble des motifs
N° 1 : 93 points de largueur sur 116 points de hauteur.
N° 2 : 99 points de largeur sur 124 points de hauteur.
N° 3 : 119 points de largeur sur 199 points de hauteur.

Motifs terminés
N° 1 : 20 cm sur 24 cm.
N° 2 : 21 cm sur 26 cm.
N° 3 : 25 cm sur 25 cm.

RÉALISATION

Elle est la même pour les trois motifs. Pour plus d'informations pratiques concernant les méthodes utilisées pour la réalisation, reportez-vous aux Techniques des travaux d'aiguille, pages 150-154. Préparez le canevas. Le motif est exécuté au demi-point de croix avec un brin de fil. Chaque carreau du diagramme représente un point sur le canevas. Brodez le motif en suivant le diagramme. Étirez l'ouvrage terminé avant d'en faire un cadre (voir page 154).

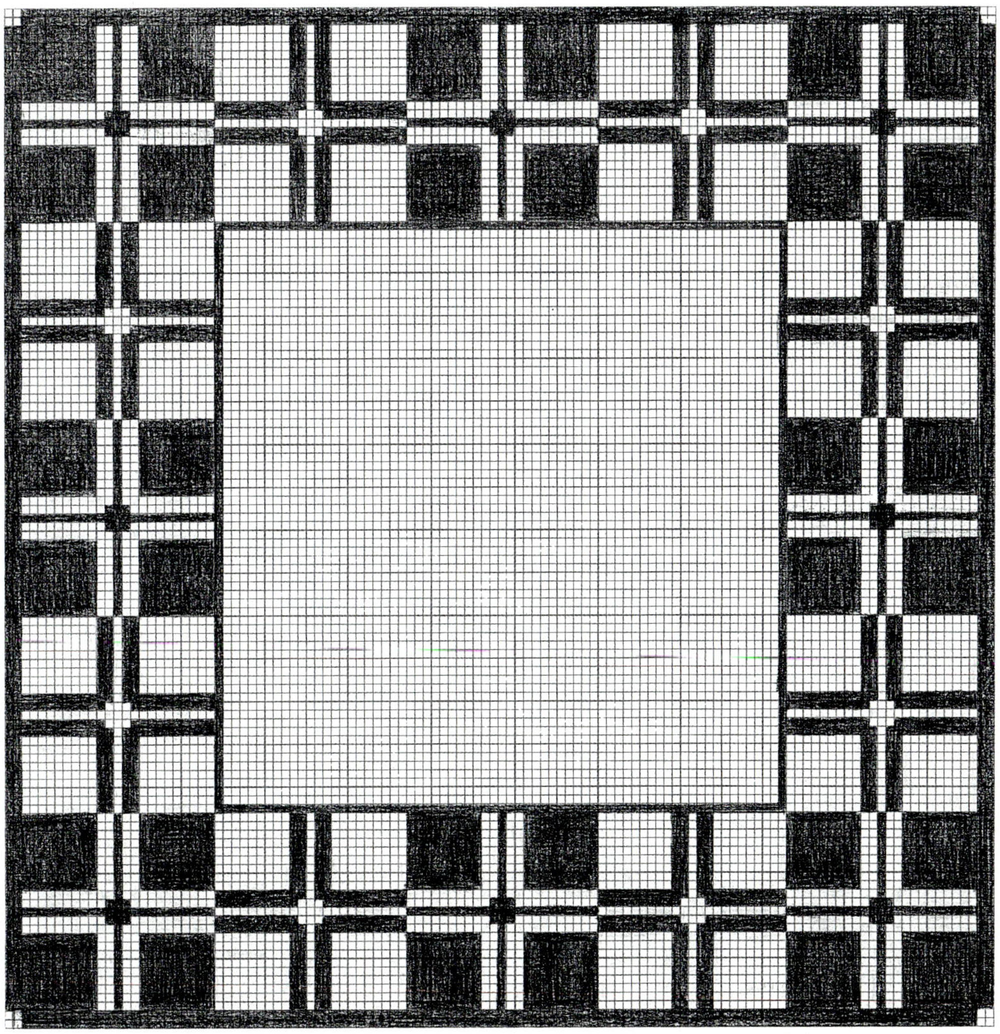

LOSANGES MAROCAINS

LES ÉTONNANTES COULEURS SOUVENT ASSOCIÉES AU MAROC SE TROUVENT RAPPELÉES ICI DANS LE CHOIX DES COLORIS POUR UN MOTIF DE SIÈGE ET DE COUSSIN.

Dans les hauts pâturages de l'Atlas marocain, il est facile de ne pas remarquer les tentes des Berbères nomades. Tissées en brun et noir, elles se fondent dans le paysage desséché qui les absorbe. Le contraste est d'autant plus marqué entre ces tentes et les couleurs vibrantes des tapis, des couvertures, des sacoches de selle, des burnous et des châles, dominés par les rouges et les orangés, les mauves doux, le vert pomme, l'ocre jaune, le rose vif, le blanc et le noir. Pour le Berbère, la puissance est liée à la couleur. Le bleu et le noir protègent contre le mauvais œil, de même que le rouge, doté en outre de pouvoirs de magie et de guérison. Le vert est un symbole de prospérité, le jaune de santé. Quant au blanc, comme l'éclat de l'argent, c'est un porte-bonheur qui s'utilise en particulier dans les cérémonies.

En prenant comme base le motif bien connu du losange dans le losange, j'ai conçu ce dessin, très différent de certaines de mes créations « asiatiques », plus subtiles et complexes. Les coloris des deux combinaisons sont les mêmes, mais utilisés de façon totalement différente. Pour le coussin, la couleur dominante est le noir tandis que pour le siège le rouge prédomine, avec seulement quelques touches de noir. Si vous ne voulez pas faire le siège, exécutez deux coussins, un dans chaque combinaison : leur association est splendide.

Fiche pratique

FOURNITURES

Fil Laine à tapisserie DMC dans les coloris suivants. (Les quantités indiquées sont approximatives.)

Coussin : combinaison de couleurs n° 1

Noir	97 m
Écru	25 m
7666	9 m
7360	17 m
7767	24 m
7362	22 m
7255	20 m
7136	29 m

Siège : combinaison de couleurs n° 2

	Assise	Dossier
Noir	34 m	13 m
Écru	30 m	11 m
7666	77 m	7 m
7360	16 m	35 m
7767	18 m	10 m
7362	16 m	10 m
7255	16 m	14 m
7136	23 m	14 m

Canevas Canevas unifil n° 12.
Coussin : 56 cm sur 49 cm.
Assise : 56 cm sur 49 cm.
Dossier : 56 cm sur 28 cm.

Matériel de finition
Coussin : 50 cm de tissu pour le dos du coussin et fil assorti. Fermeture à glissière de 30 cm. 175 cm de ganse pour la bordure (facultative).
Assise du siège : 50 cm de tissu pour la doublure et fil assorti.
Dossier : 30 cm de tissu pour la doublure et fil assorti.

Ensemble de l'ouvrage
Housse de coussin : 219 points de largeur sur 185 points de hauteur.
Assise du siège : 219 points de largeur sur 185 points de hauteur.
Dossier : 219 points de largeur sur 83 points de hauteur.

Motif terminé
Coussin : 46 cm sur 39 cm.
Assise : 46 cm sur 39 cm.
Dossier : 46 cm sur 18 cm.

RÉALISATION

Coussin Pour plus d'informations pratiques sur les méthodes utilisées pour la réalisation, reportez-vous aux Techniques des travaux d'aiguille, pages 150-154.
Préparez le canevas. Le motif est brodé au demi-point de croix avec un brin de fil. Chaque carreau du diagramme représente un point sur le canevas. Le diagramme ne donne en hauteur que 104 rangs du motif qui en comprend 185. Répétez une fois de plus les 81 rangs composant les losanges en les plaçant de l'autre côté du panneau central à zigzag et à bandes (voir la photographie), soit en respectant exactement les couleurs dans les losanges comme dans les premiers, soit en les permutant comme je l'ai fait, pour obtenir un effet fantaisie. Pour la combinaison de couleurs n° 2, voyez la photographie du siège. Étirez l'ouvrage terminé avant d'assembler le dos. Posez la bordure.

Siège
Assise En suivant les explications données pour l'exécution du coussin, faites l'assise du siège dans la combinaison de couleurs n° 1 (diagramme) ou n° 2 (photographie).
Dossier En suivant les explications données pour l'exécution du coussin, ne brodez que les 81 rangs de losanges, sans faire de panneau central (voyez la photographie). Étirez les ouvrages terminés avant d'assembler les dos et de les fixer sur le siège.

ARCHES BERBÈRES

ORNEZ VOTRE AMEUBLEMENT DE CE MOTIF TRIBAL ABSTRAIT AUX COULEURS RECUITES PAR LE SOLEIL, TYPIQUE DES TAPIS BERBÈRES DU MAROC.

Les tapis des Berbères nomades m'ont inspiré ce motif, tout comme ils m'ont inspiré les Losanges marocains (pages 94-99). Mais cette fois, plus que la couleur, ce sont les motifs géométriques traditionnels qui ont été mon point de départ. Les motifs les plus fréquents sont les zigzags, les rangées de triangles, les étoiles à huit branches et les losanges. À la différence des tapis marocains aux abondants motifs symétriques, les tapis berbères sont parfois peu décorés et les motifs paraissent dispersés sur un fond coloré.

Pour ce tabouret simple et trapu, je voulais un grand motif à répétition et une broderie audacieuse. C'est pourquoi j'ai pris un canevas à grosse trame (n° 7). Mais un canevas plus fin, n° 12 ou n° 13, qui réduit le motif de moitié, offre davantage de possibilités. Les motifs à répétition peuvent être indéfiniment rajoutés et servir pour recouvrir presque toute pièce d'ameublement : chaise de salle à manger, tabourets de pieds ou de piano, ottomanes. Ce genre de motifs offre aussi d'inépuisables possibilités d'associations colorées. Les jeux de bleus avec du crème, comme dans Bleus nigérians (pages 80-83) et Dames et ciseaux (pages 72-79), donnent une impression de fraîcheur ; mais vous pouvez leur préférer les couleurs sourdes de la combinaison n° 2 des Nobles péruviens (pages 134-141).

Fiche pratique

FOURNITURES

Fil Laine à tapisserie DMC dans les coloris suivants. (Les quantités indiquées sont approximatives.)

Tabouret

- 7529 24 m
- 7579 36 m
- 7361 22 m
- 7920 27 m
- 7360 20 m
- 7303 13 m
- 7147 26 m
- 7413 16 m

Canevas Canevas unifil n° 7 : 1 carré de 41 cm de côté.

Matériel de finition Semences de tapissier. 127 cm de tresse (facultative).

Ensemble de l'ouvrage
87 points de largeur sur 87 points de hauteur.

Motif terminé
1 carré de 30 cm de côté.

RÉALISATION

Pour plus d'informations pratiques sur les méthodes utilisées pour la réalisation, voyez les Techniques des travaux d'aiguille, pages 150-154. Le motif est entièrememt brodé au demi-point de croix avec deux brins de fil. Chaque carreau du diagramme représente un point sur le canevas. Exécutez le motif en suivant le diagramme. Étirez l'ouvrage terminé. Clouez les bords en tendant bien l'ouvrage sur le tabouret et en plaçant les semences de tapissier le plus près possible des limites du motif. Coupez le surplus de canevas. Cousez ou collez la tresse.

L'Amérique

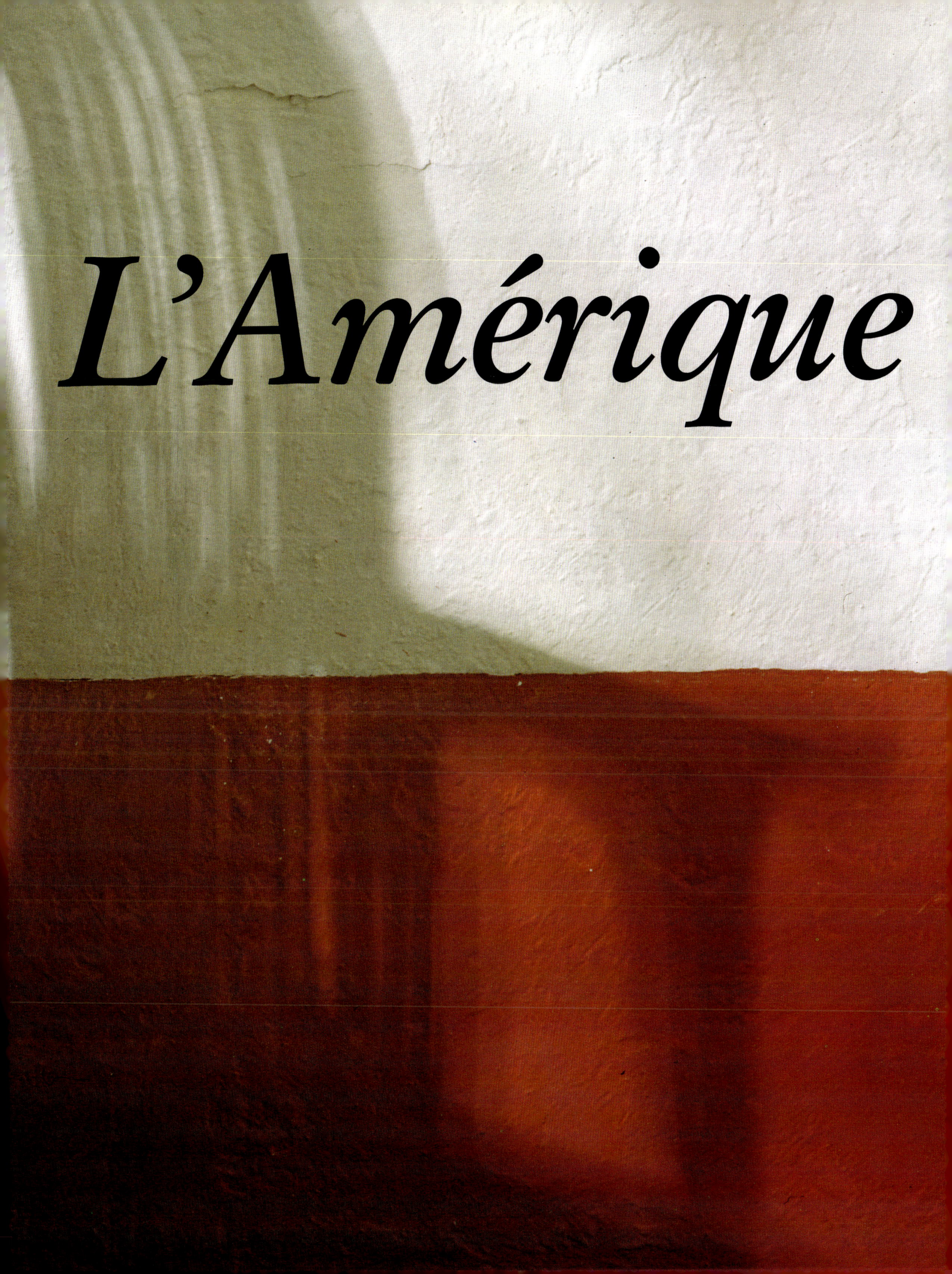

Petite fille, j'adorais l'histoire de Christophe Colomb, traversant l'Atlantique — la mer des ténèbres — à la recherche d'une route occidentale vers l'Inde et découvrant à la place un nouveau monde, le gigantesque continent américain occupé par des tribus indiennes et par leurs royaumes. Mais l'histoire s'arrêtait là et ne continuait jamais pour raconter la dramatique domination des bâtisseurs d'empire espagnols. Condamnant ce qu'ils considéraient comme des coutumes païennes et sauvages, ils imposèrent la chrétienté. Ils interdirent les ornements personnels par peinture du visage et du corps et forcèrent les Indiens à se vêtir à l'européenne. Après quelques décennies d'occupation, les grandes cités ne furent plus que ruines et l'art indien ancien disparut.

Les Indiens devaient payer des impôts. Ils les réglaient en étoffes destinées soit à l'exportation, soit aux occupants. Mais, avec l'interdiction des cérémonies païennes, la vaste production des tissus de cérémonie prit fin. Malgré tout, le tissage familial continua (et continue encore de nos jours), constituant un aspect important de la vie villageoise. Comme les Espagnols importaient de nouveaux matériaux, des techniques et des motifs, les tissus devinrent un curieux mélange de techniques et de traditions indiennes et hispaniques.

Le Mexique s'adapta bien à ces influences. Avec l'importation des fils teints par les routes commerciales ouvertes par l'Espagne, les motifs devinrent encore plus compliqués et les combinaisons de couleurs plus audacieuses, associant les verts et les jaunes acides avec des roses vifs. Les vêtements étaient (et sont encore) brochés et abondamment rebrodés de motifs géométriques, de fleurs, d'oiseaux et d'autres animaux. Parfois, les blouses ressemblaient à des parterres miniatures. Cet impact décoratif fut plus tard accentué par la fusion des cultures chrétienne et païenne, dont la manifestation la plus saisissante est la fête des Morts durant laquelle les Mexicains honorent leurs ancêtres. Les familles élèvent des autels dans les maisons, les garnissent de bougies, de fruits, de fleurs et d'images saintes. De l'encens est brûlé, des offrandes de fruits et de nourriture sont faites, des squelettes de fantaisie sont brandis. C'est une débauche de couleurs et d'images violentes.

Au sud du Mexique, dans les villages des plateaux

du Guatemala, la tradition du tissage a persisté et de nombreux motifs précolombiens sont encore exécutés : le serpent, l'oiseau à deux têtes, les motifs lunaires et solaires, de nombreux animaux. Chevaux, paons, oiseaux de basse-cour sont plus récents, ces animaux ayant été introduits par les Espagnols. Ils sont brodés ou tissés en formes stylisées, combinés avec des fleurs et des motifs abstraits et traités en couleurs pures mais avec un grand raffinement.

Malgré l'importation de métiers à tisser plus perfectionnés, le métier le plus simple, transportable à dos, est toujours très utilisé dans tout le Mexique, le Guatemala et le Pérou. Très ancien, il est formé de deux barres qui supportent les fils de chaîne verticaux. Une de ces barres est attachée à un poteau ou à un arbre tandis qu'une courroie est fixée à l'autre. Cette courroie passe autour des hanches du tisserand, si bien que la tension peut être contrôlée par les déplacements du corps. Le tisserand travaille assis par terre et se sert d'une latte comme battant pour les fils de trame une fois qu'ils ont été glissés à travers les fils de chaîne avec une navette. La longueur et la largeur des étoffes dépend de l'allonge et de la vigueur de l'artisan.

Parmi les cultures anciennes qui ont le plus influencé mon travail, celle de l'empire inca est sans doute la plus célèbre. Comme les formes figuratives étaient interdites par les conquérants chrétiens, les Incas créèrent des textiles à motifs géométriques raffinés magnifiquement tissés, dont la qualité et l'abondance stupéfièrent les Espagnols. De nos jours, les tissus péruviens sont surtout en coton et en laine de lama ou d'alpaga, et servent à faire des ponchos, des manteaux de cérémonie, des ceintures et des galons. En contraste avec un style de vie spartiate, les tissages sont riches et de couleurs vives.

Tous les pays d'Amérique latine sont des sources d'inspiration. À côté du Pérou, du Mexique et du Guatemala, la Bolivie, l'Équateur et le Panama ont chacun leur style propre. Il ne faut pas se limiter aux textiles, mais regarder aussi l'ameublement, les céramiques (en particulier les carrelages) et les constructions, qui trahissent souvent l'influence espagnole et déploient d'éblouissantes associations de couleurs. Nulle part ailleurs que sur le continent américain, ce creuset géant de cultures différentes, les impacts décoratifs ne se montrent si forts et les styles si divers.

CHIENS DU GUATEMALA

LES INDIENS DU GUATEMALA PUISENT LEUR INSPIRATION DANS LEUR AMOUR DE LA NATURE. ILS DÉCORENT LEURS VÊTEMENTS DE FORMES ANIMALES ET VÉGÉTALES.

Poules, paons, chiens, chevaux, pins, maïs se combinent à des formes géométriques pour créer de somptueux motifs intriqués, d'une envoûtante intensité.

Pour retrouver cette association de formes réalistes et géométriques, j'ai composé des rangées de chiens avec des losanges et des zigzags, mais j'ai utilisé des teintes douces qui rappellent plutôt les tapis caucasiens.

Fiche pratique

FOURNITURES

Fil Laine à tapisserie DMC dans les coloris suivants. (Les quantités indiquées sont approximatives.)

Coussin

7326 56 m

7535 13 m

7492 17 m

7127 24 m

7147 25 m

7226 25 m

7255 14 m

7781 26 m

7362 13 m

Canevas Canevas unifil n° 12 : 1 carré de 48 cm de côté.

Matériel de finition 50 cm de tissu pour le dos du coussin et fil assorti. Fermeture à glissière de 30 cm. 157 cm de ganse pour la bordure (facultative).

Ensemble du motif
179 points de longueur sur 179 points de hauteur.

Motif terminé
1 carré de 38 cm de côté.

RÉALISATION

Plus plus d'informations pratiques sur les méthodes utilisées pour la réalisation, reportez-vous aux Techniques des travaux d'aiguille, pages 150-154. Préparez le canevas. Le motif est brodé au demi-point de croix, avec un brin de fil. Chaque carreau du diagramme représente un point sur le canevas. Brodez le motif suivant le diagramme. Étirez l'ouvrage avant d'assembler le dos. Posez la bordure.

AILES ANDINES

CE MOTIF AUDACIEUX, INFLUENCÉ PAR L'IMAGERIE MYSTÉRIEUSE DE L'ART ANCIEN DU PÉROU, EXPLOITE LA RICHESSE DES FORMES SPÉCIFIQUES ET DES COULEURS SPLENDIDES OBSERVÉES DANS LES TISSAGES.

Un grand nombre de textiles magnifiques provenant de cultures précolombiennes ont été retrouvés dans des tombes, en parfait état de conservation grâce à la sécheresse et au caractère sablonneux du sol. L'une des plus célèbres de ces cultures est celle de Tiahuanaco, originaire des hauts plateaux des Andes centrales. Les peuples liés à cette culture tissaient des étoffes exquises, mêlant parfois plusieurs centaines de couleurs différentes et concevant soit des motifs figuratifs inspirés par les monuments de pierre des grandes cités, soit des motifs formels ayant pour base le « double motif diagonal » — un rectangle contenant des paires d'éléments abstraits, divisé par une diagonale. Les anciens Péruviens utilisaient souvent ce motif dans le tissage de leurs ponchos.

Dans ce modèle, j'ai utilisé le double motif diagonal, mais je l'ai simplifié en ne prenant qu'un élément — une spirale à degrés —, forme peut-être issue de l'aile d'oiseau. Ce motif permet de jouer avec la couleur et j'en ai fait deux variantes. Pour la première, j'ai utilisé plusieurs teintes de rouge et de brun avec des accents de jaune et de crème pour obtenir une combinaison typiquement péruvienne ; et pour la seconde, une association de couleurs vives, rappelant le Guatemala.

Fiche pratique

FOURNITURES

Fil Laine à tapisserie DMC dans les coloris suivants. Les quantités indiquées sont approximatives.

Coussin : Combinaison n° 1

- 7529 66 m
- 7147 26 m
- 7127 25 m
- 7168 29 m
- 7360 24 m
- 7506 29 m
- 7413 26 m
- 7579 23 m

Combinaison n° 2

- 7797 32 m
- 7895 17 m
- 7153 16 m
- 7666 34 m
- 7125 18 m
- 7136 11 m
- 7711 16 m
- 7861 15 m
- 7361 12 m
- Écru 22 m
- 7725 13 m

Canevas Canevas unifil n° 12 : 1 rectangle de 50 cm sur 45 cm.

Matériel de finition 50 cm de tissu pour le dos du coussin et fil assorti. Fermeture à glissière de 50 cm. 157 cm de ganse pour la bordure (facultative).

Ensemble du motif
190 points de largeur sur 170 points de hauteur.

Motif terminé
41 cm sur 36 cm.

RÉALISATION

Pour plus d'informations pratiques sur les méthodes utilisées pour la réalisation, reportez-vous aux Techniques des travaux d'aiguille, pages 150-154. Préparez le canevas. Le motif est brodé au demi-point de croix avec un brin de fil. Chaque carreau du diagramme représente un point sur le canevas. Brodez le motif n° 1 (diagramme) ou n° 2 (photographie). Étirez l'ouvrage terminé avant d'assembler le dos. Posez la bordure.

LOSANGES EN DENTS DE SCIE

LES TISSERANDS NAVAJOS ONT CÉLÉBRÉ L'AVÈNEMENT DES TEINTURES SYNTHÉTIQUES PAR UN COCKTAIL COLORÉ DE LOSANGES EN DENTS DE SCIE QUI M'ONT INSPIRÉ CE MOTIF.

On oublie souvent que les tisserands du monde ne se sont pas toujours facilement procuré des fils colorés et que les couleurs dont ils disposaient dépendaient des sources de teinture existant dans leur environnement et de l'ouverture des routes commerciales. Pendant longtemps, les Navajos du sud-ouest des États-Unis ont été limités au brun, au crème et au gris, couleur de la laine de leurs moutons et à l'indigo, teinture apportée par les Espagnols. Le rouge ne fut pas disponible avant la fin du XIXe siècle : avant cela, les Indiens effilochaient des tissus espagnols contenant du fil rouge et, de temps à autre, ils ajoutaient un peu de jaune et de vert.

L'introduction des couleurs vives synthétiques provoqua une révolution dans le tissage. Disposant soudain de toutes les gammes de coloris, ils commencèrent à créer des effets optiques en associant des couleurs vibrantes et des losanges en dents de scie ; les motifs qui en résultèrent sont appelés « les motifs-qui-éblouissent-l'œil ». J'ai fabriqué ce porte-document et l'ai recouvert d'un de ces motifs typiques dont j'ai atténué l'intensité. Ce motif peut être indéfiniment répété et utilisé pour recouvrir des coussins et même tout un ensemble de chaises de salle à manger.

Fiche pratique

FOURNITURES

Fil Laine à tapisserie DMC dans les coloris suivants. (Les quantités indiquées sont approximatives.)

Porte-document

- 7535 36 m
- 7920 24 m
- 7303 11 m
- 7725 14 m
- Écru 11 m

Canevas Canevas à maille torse n° 12 : 1 rectangle de 28 cm sur 35 cm.

Matériel de finition 1 carré de tissu pour le dos de 31,5 cm de côté. Deux morceaux de carton épais de 23 cm sur 26,5 cm. Un morceau de carton mince ou de papier épais de 45,5 cm sur 26,5 cm. Ruban adhésif. Colle forte.

Ensemble du motif
95 points de largeur par 125 points de hauteur.

Motif terminé
20 cm sur 26,5 cm.

Porte-document terminé
23 cm de largeur sur 26,5 cm de hauteur.

RÉALISATION

Pour plus d'informations pratiques concernant les méthodes utilisées pour la réalisation, reportez-vous aux Techniques des travaux d'aiguille, pages 150-154. Préparez le canevas. Le motif est brodé au demi-point de croix avec un brin de fil. Chaque carreau du diagramme représente un point sur le canevas. Exécutez le motif en suivant le diagramme. Étirez l'ouvrage terminé avant de le doubler. Ne coupez pas tout de suite l'excès de canevas. Cousez sur un côté la doublure à la broderie, puis réduisez la marge de la couture. Repassez. Avec du ruban adhésif, assemblez les deux morceaux de carton épais de 2 mm le long d'un côté. En collant du ruban adhésif des deux côtés, formez une arête. Placez le carton ouvert sur le verso de l'ouvrage et du tissu de doublure. Coupez l'excès de canevas et de tissu de doublure tout autour en laissant 2,5 cm à rabattre. Coupez les coins en diagonale. Repliez les 2,5 cm de tissu du pourtour sur le carton et fixez avec du ruban adhésif ou de la colle. Placez le carton mince pour l'intérieur du porte-document, au dos de la couverture. Collez. Mettez à sécher sous un objet lourd pendant au moins 1 heure. À l'intérieur du porte-document, marquez le milieu pour former la pliure. Pliez en deux.

ÉTOILES MEXICAINES

LE RUISSELLEMENT DES COULEURS, SUR CES COUSSINS, RAPPELLE L'EXUBÉRANCE DES MOTIFS MEXICAINS.

Pour braver un paysage aride et monochrome, les Mexicains ont élaboré une gamme de couleurs provocantes et chaleureuses. Maisons, rues, poteries, carreaux et tissus déploient leurs couleurs audacieuses et simples, associées avec inventivité — jaune acide, bleu cobalt, écarlate, magenta, orange, violet — bien spécifiques du Mexique.

Pour réaliser ces trois coussins ronds, j'ai interprété des motifs largement employés dans les textiles mexicains : le triangle, le soleil et l'étoile. Comme base de départ, j'ai pris la couleur. Bien des gens trouveront ces coussins trop vifs, mais faites-les et vous verrez : ils orneront votre jardin l'été et, à la lumière du soir, leurs couleurs vibreront encore davantage.

Fiche pratique de la variante 1

FOURNITURES

Fil Laine à tapisserie DMC dans les coloris suivants. (Les quantités indiquées sont approximatives.)

Coussin : combinaison n° 1

- 7797 25 m
- 7807 26 m
- 7895 23 m
- 7444 26 m
- 7784 20 m
- 7137 28 m
- 7157 5 m

Combinaison n° 2

- 7797 34 m
- 7807 28 m
- 7895 24 m
- 7444 31 m
- 7784 33 m
- 7137 6 m

Canevas Canevas unifil n° 12 : 1 carré de 44 cm de côté.

Matériel de finition 50 cm de tissu pour le dos et fil assorti. Fermeture à glissière de 25 cm.

Ensemble du motif
158 points de largeur sur 158 points de hauteur.

Motif terminé
1 rond de 33 cm de diamètre.

RÉALISATION

Pour plus d'informations pratiques concernant les méthodes utilisées pour la réalisation, reportez-vous aux Techniques des travaux d'aiguille, pages 150-154. Préparez le canevas. Le motif est entièrement exécuté au demi-point de croix avec un brin de fil. Chaque carreau du diagramme représente un point sur le canevas. Brodez le motif n° 1 en suivant le diagramme dans la combinaison colorée n° 1 (diagramme) ou n° 2 (photographie). Étirez l'ouvrage terminé avant d'assembler le dos. Pour le soufflet, coupez une bande de tissu de 8 cm de largeur à adapter au pourtour de la broderie. Pour le fond, coupez un rond de la circonférence de la broderie en ajoutant 1,5 cm tout autour. (Si vous utilisez une fermeture à glissière, voyez page 152.) Fixez le deuxième bord du soufflet au fond du coussin. Crantez tout autour le bord de la marge de tissu laissée pour la couture avant de retourner la housse à l'endroit.

Fiche pratique de la variante 2

FOURNITURES

Fil Laine à tapisserie DMC dans les coloris suivants. (Les quantités indiquées sont approximatives.)

Coussin

- 7797 33 m
- 7897 26 m
- 7895 21 m
- 7444 25 m
- 7784 26 m
- 7137 16 m

Canevas Canevas unifil n° 12 : 1 carré de 44 cm de côté.

Matériel de finition 50 cm de tissu pour le dos et fil assorti. Fermeture à glissière de 25 cm.

Ensemble du motif
162 points de largeur sur 162 points de hauteur.

Motif terminé
1 rond de 35 cm de diamètre.

RÉALISATION

Pour plus d'informations pratiques sur les méthodes utilisées pour la réalisation, reportez-vous aux Techniques des travaux d'aiguille, pages 150-154. Préparez le canevas. Le motif est exécuté au demi-point de croix avec un brin de fil. Chaque carreau du diagramme représente un point sur le canevas. Brodez en suivant le modèle. Étirez l'ouvrage terminé avant d'assembler le dos. Pour le soufflet, coupez une bande de tissu de 8 cm de largeur et adaptez-la à la circonférence de l'ouvrage. Pour le fond, coupez un rond de la superficie de la broderie en ajoutant 1,5 cm de tissu tout autour. (Si vous utilisez une fermeture à glissière, voyez page 152.) Cousez le deuxième bord du soufflet au fond du coussin. Crantez les bords de la marge de la couture tout autour à intervalles réguliers avant de retourner la housse à l'endroit.

BROCART DE MONTAGNE

ILLUMINEZ UNE CHAMBRE D'ENFANT AVEC CE SAISISSANT ABAT-JOUR OÙ SE JOUENT MOTIFS ET COULEURS GUATÉMALTÈQUES.

D'anciennes traditions de broderie et de tissage survivent encore dans les villages des plateaux guatémaltèques. Les étoffes servent surtout à la confection des vêtements et sont décorées d'animaux réalistes (quadrupèdes et oiseaux) et de personnages mêlés à des figures géométriques, dont certains remontent à l'époque précolombienne. Si les mêmes motifs sont utilisés dans tout le Guatemala, chaque village a sa façon propre d'associer les couleurs et les motifs, ainsi que de porter un ruban, de nouer une ceinture ou de disposer une jupe. C'est au marché, ou les jours fériés, qu'on voit le mieux ce mélange de costumes décorés dont chacun garde sa touche personnelle.

En concevant le modèle Brocart de montagne, j'ai voulu avant tout dessiner un motif convenant à la forme de l'abat-jour. Je l'ai trouvé sur l'empiècement broché d'une blouse d'enfant. J'ai considérablement simplifié le motif mais gardé les éléments principaux : les losanges et les triangles, et les couleurs jetées comme au hasard. Bien qu'en général le Guatemala soit célèbre pour ses vibrantes associations de couleurs pures, on trouve aussi des mélanges plus doux, comme ceux de cet abat-jour. Ce motif est idéal pour une chambre d'enfant et sa simplicité en fait un ouvrage parfait pour débutante. Il permet aussi d'utiliser des restes de fil.

Fiche pratique

FOURNITURES

Fil Laine à tapisserie DMC dans les coloris suivants. (Les quantités indiquées sont approximatives.)

Abat-jour

- Écru 14 m
- Noir 15 m
- 7725 5 m
- 7314 17 m
- 7136 22 m
- 7596 13 m
- 7895 12 m
- 7147 12 m
- 7472 13 m

Canevas Canevas à maille torse n° 12 : 1 rectangle de 53 cm sur 35 cm.

Matériel de finition Carcasse d'abat-jour de 20 cm de diamètre sur 13 cm de hauteur. 97 cm de ganse pour la bordure (facultative). Papier de doublure.

Ensemble du motif
201 points de largeur sur 100 points de hauteur.

Motif terminé
43 cm sur 20 cm.

RÉALISATION

Pour plus d'informations pratiques sur les méthodes utilisées pour la réalisation, reportez-vous aux Techniques des travaux d'aiguille, pages 150-154. Préparez le canevas. Le motif est brodé au demi-point de croix avec un brin de fil. Chaque carreau du diagramme représente un point sur le canevas. Brodez le motif en suivant le diagramme. Étirez l'ouvrage terminé. Coupez l'excès de canevas. Assemblez les deux bords au point arrière, fixez l'ouvrage à l'armature. Doublez l'abat-jour avec le papier. Bordez le haut et le bas avec la ganse.

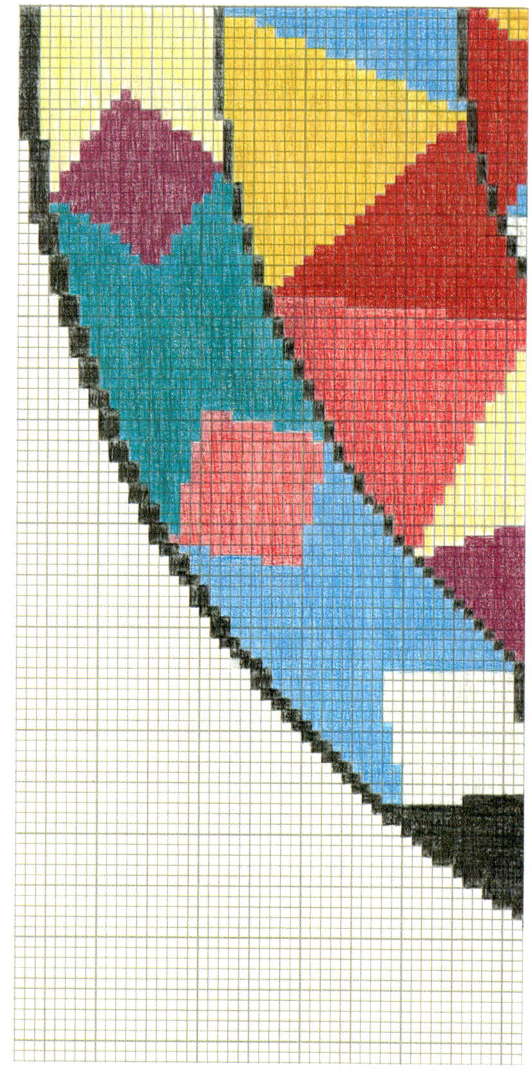

NOBLES PÉRUVIENS

LES PERSONNAGES SCULPTÉS SUR LES PIERRES DES GRANDES CITÉS PÉRUVIENNES SE RETROUVENT SUR DE MERVEILLEUX TISSUS.

Pour Nobles péruviens, j'ai cherché l'inspiration dans la culture péruvienne ancienne. Aux thèmes abstraits des tissus examinés pour mon modèle de coussin Ailes andines (pages 114-119), j'ai préféré cette fois emprunter à la grande variété de figures stylisées — créatures humaines ou simiesques, poissons, serpents et crapauds. Chacun de ces motifs figuratifs, en général disposés par rangées, se compose d'un assemblage de petites formes géométriques, typiques de la majeure partie des divers aspects de l'art péruvien, non seulement dans le domaine des textiles, mais aussi de la céramique, du travail des métaux et de la sculpture. Dans cet innombrable déploiement de figures, j'ai choisi une rangée d'hommes à l'allure de guerriers, avec leurs mains levées et leurs coiffures particulières.

J'ai élaboré deux combinaisons colorées très différentes. Dans la première, celle du coussin, j'ai choisi une palette restreinte de couleurs vives et contrastées sur un fond violet ; dans la seconde, celle du fauteuil, un mélange harmonieux de marrons, de rouilles et de beiges avec des touches de bleu-vert m'a semblé typiquement péruvien. Au lieu d'utiliser la même couleur de fond pour l'assise et le dossier du siège, j'ai pris la couleur la plus claire pour le dossier et la plus sombre pour l'assise. Pour cette dernière, j'ai ajouté une bordure le long du bord du devant et du fond pour ne pas avoir trop de couleur de fond.

Fiche pratique

FOURNITURES

Fil Laine à tapisserie DMC dans les coloris suivants. (Les quantité indiquées sont approximatives.)

Coussin : combinaison n° 1

7895	118 m
7127	12 m
7303	16 m
7361	12 m
7506	14 m
7579	28 m
7529	13 m

Siège : combinaison n° 2

	Dossier	Assise
7535	3 m	137 m
7147	11 m	26 m
7446	8 m	8 m
7508	5 m	23 m
7416	11 m	3 m
7413	3 m	7 m
7326	7 m	7 m
7492	99 m	17 m
7506	3 m	3 m

Canevas Canevas unifil n° 12.
Coussin : 1 rectangle de 43 cm sur 40 cm.
Assise : 1 rectangle de 54 cm sur 48 cm.
Dossier : 1 rectangle de 54 cm sur 27 cm.

Matériel de finition Coussin : 50 cm de tissu pour le dos et fil assorti. Fermeture à glissière de 25 cm. 132 cm de ganse pour la bordure (facultative).
Assise du fauteuil : 50 cm de tissu pour le dos et fil assorti.
Dossier du fauteuil : 30 cm de tissu pour le dos et fil assorti.

Ensemble du motif
Coussin du siège : 156 points de largeur sur 148 points de hauteur.
Assise du fauteuil : 212 points de largeur sur 180 points de hauteur.
Dossier du fauteuil : 212 points de largeur sur 88 points de hauteur.

Motif terminé
Coussin : 33 cm sur 31 cm.
Assise du fauteuil : 44 cm sur 38 cm.
Dossier du fauteuil : 44 cm sur 18 cm.

RÉALISATION

Coussin Pour plus d'informations sur les méthodes utilisées pour la réalisation, reportez-vous aux Techniques des travaux d'aiguille, pages 150-154. Préparez le canevas. Le motif est brodé au demi-point de croix avec un brin de fil. Chaque carreau du diagramme représente un point sur le canevas. Exécutez la combinaison n° 1 (diagramme) ou n° 2 (photographie du fauteuil). Quand le modèle du diagramme est complètement terminé, continuez à broder dans la couleur du fond. Ajoutez au diagramme trente rangées de points au-dessus et au-dessous des personnages et sept rangées de chaque côté. Étirez l'ouvrage terminé avant d'assembler le dos. Posez la bordure.

Assise du fauteuil Suivez le plan d'exécution du coussin. Pour augmenter la largeur du motif comme il est indiqué sur le diagramme, non seulement j'ai ajouté dix-huit rangées de couleur de fond de chaque côté, mais j'ai aussi espacé les personnages en ajoutant entre chacun d'eux dix rangs de couleur de fond. Puis j'ai ajouté vingt-huit rangs au-dessus et au-dessous avant d'ajouter un motif de bordure, un motif à répétition de trente et un points qui est aussi ajouté au haut et au bas de l'ouvrage.

Dossier du fauteuil Suivez le plan d'exécution du coussin. Augmentez la largeur comme vous le faites pour l'assise du fauteuil, mais n'ajoutez pas de rangées de couleur de fond au-dessus ou au-dessous les personnages. Étirez les ouvrages terminés (assise et dossier) avant de les fixer sur le siège.

RAYURES NAVAJOS

LES TISSAGES À MOTIFS GRAPHIQUES DES NAVAJOS, SOUVENT EN TROIS COULEURS CLASSIQUES, M'ONT INSPIRÉ CES COUSSINS D'UNE ÉTONNANTE SIMPLICITÉ.

À mon avis, les tissages indiens les plus impressionnants sont les couvertures navajos du XIXe siècle. Portées sur les épaules comme vêtements, les plus anciennes comportent de nombreux agencements de rayures. Au milieu du XIXe siècle, leur rythme a été peu à peu brisé par l'ajout de blocs rectangulaires de couleur contrastée. Ces blocs ont fini par se transformer en un semis de losanges sur le fond rayé, ne laissant parfois visible que le motif central en

losange. Ces compositions plus tardives pour les couvertures sont les plus connues et m'ont servi de point de départ pour mon modèle Rayures navajos.

Après le déferlement des couleurs et des motifs utilisés dans ce livre, je me suis lancé l'agréable défi de me limiter à trois couleurs (rouge, bleu marine et crème) et à un motif minimal composé de rayures, de croix et de losanges, éléments essentiels du motif navajo. Pour la première combinaison de couleurs, vive, j'alterne de larges rayures crème et bleues. Pour la seconde, plus foncée, mais toujours avec les mêmes couleurs, j'ai supprimé les rayures crème de façon que le bleu, et non le crème, domine. Avec les mêmes couleurs, vous pouvez essayer d'autres combinaisons et créer toute une collection de coussins à décor graphique.

Fiche pratique

FOURNITURES

Fil Laine à tapisserie DMC dans les coloris suivants. (Les quantités indiquées sont approximatives.)

Coussin : combinaison n° 1

■	Écru	79 m
■	7299	47 m
	7920	128 m

Coussin : combinaison n° 2

■	Écru	36 m
■	7299	89 m
	7920	107 m

Canevas Canevas unifil n° 7 : 1 carré de 50 cm de côté.

Matériel de finition 50 cm de tissu pour le dos du coussin et fil assorti. Fermeture à glissière de 30 cm. 165 cm de cordonnet pour le passepoil (facultatif).

Ensemble du motif
110 points de largeur sur 108 points de hauteur.

Motif terminé
40 cm sur 39 cm.

RÉALISATION

Pour plus d'informations pratiques sur les méthodes utilisées pour la réalisation, reportez-vous aux Techniques des travaux d'aiguille, pages 150-154. Préparez le canevas. Le motif est brodé au demi-point de croix avec deux brins de fil. Chaque carreau du diagramme représente un point sur le canevas. Exécutez le motif en suivant le diagramme (combinaison n° 1) ou la photographie (combinaison n° 2). Étirez l'ouvrage terminé avant d'assembler le dos. Posez la bordure.

TECHNIQUES DES TRAVAUX D'AIGUILLE

Les canevas

Il y a trois principaux types de canevas : à fil simple (unifil), à fil double (fils rapprochés deux par deux, canevas Pénélope) et à maille bloquée. Ce dernier ressemble au canevas unifil mais, au lieu de s'entrecroiser simplement par-dessus et par-dessous, les fils sont torsadés à l'intersection de façon à bloquer la trame et à empêcher toute déformation sous la tension des points, ou de s'effilocher près des bords. Sur le canevas Pénélope, le point s'exécute, soit en prenant les deux fils, soit en les séparant et en ne prenant qu'un fil par point. Dans ce cas, on fait davantage de points plus fins. Ce genre de canevas est idéal pour les motifs nécessitant plusieurs sortes de points. Des points fins utilisés pour les détails peuvent ainsi être associés sur un même canevas à des points plus grands utilisés pour le fond.

1. Trois types de canevas : à maille bloquée, unifil et Pénélope.

La plupart des canevas sont en toile de coton ou de lin et, sauf pour le canevas torse, se présentent en trois teintes : blanc (le plus courant), crème, et écru (ou antique). Le canevas torse n'est disponible qu'en blanc. Il faut prendre d'autant plus de soin à le remplir complètement de façon qu'aucune trame blanche ne reste visible dans l'ouvrage.

Les canevas existent en différentes grosseurs qui se numérotent selon le nombre de fils ou de carreaux par 10 cm (fabrication française) ou par 2,5 cm (fabrication anglaise). Pour les canevas importés, la numérotation va de 32 à 3 ; 32 (128 fils aux 10 cm) convient pour le petit point, et 3 (12 fils aux 10 cm) pour les tapis. Quant à moi, je préfère utiliser un canevas moyen de 12 ou 13 carreaux pour 2,5 cm, assez fin pour créer de jolis détails, et qui est parfait pour le demi-point de croix. Les canevas se présentent en 60 cm, 75 cm, 90 cm, 100 cm, 150 cm et jusqu'à 200 cm de largeur.

Le choix d'un canevas est affaire de goût personnel. Faites très attention au canevas à maille bloquée, qui doit être bien tendu sur un cadre pendant le travail pour éviter les déformations. Un canevas très souple et très fin peut être difficile à étirer car il ne peut supporter une forte tension sans se déchirer. Réservez-le aux ouvrages de petite dimension.

Achetez la meilleure qualité de canevas que vous pouvez vous permettre, en pur coton ou en lin et non mélangé de nylon. Calculez la quantité de façon qu'autour du motif terminé il reste une marge de 2,5 cm.

Les fils

Il existe diverses sortes de fils à broder sur toile et sur canevas. La laine à tapisserie se présente en plusieurs grosseurs. La marque DMC offre diverses catégories, depuis la très fine (Médicis) à la grosse (Soudan) et la très grosse (Smyrne) qui se présente en « fagots » pour les tapis au point noué, en passant par la laine moyenne (Colbert). Dans cette catégorie, que j'ai choisie pour mes ouvrages, un seul fil convient pour un canevas n° 12 (48 fils aux 10 cm) ou n° 13 (52 fils aux 10 cm), tandis que deux fils conviennent à un canevas n° 7 (28 fils aux 10 cm). Cette laine se présente en nombreux coloris (plus de 450) et, de plus, chacun peut créer ses propres coloris en associant dans la même aiguillée deux ou trois brins de laines de couleurs différentes. Pour les ouvrages proposés dans ce livre, vous n'aurez pas à mélanger les couleurs.

Quel que soit le fil choisi, il doit être assez gros pour couvrir le fil du canevas mais pas au point de gêner le passage de l'aiguille enfilée par le trou, ce qui déformerait la trame. Lors de l'achat de la laine, n'oubliez pas que les quantités indiquées sont approximatives. Elles sont estimées pour un demi-point de croix mais le point de vannerie et le petit point (les deux autres points les plus utilisés) exigent presque deux fois plus de fil que le demi-point de croix. Les quantités de fil nécessaires varient aussi d'une brodeuse à l'autre, selon l'aspect plus ou moins lâche de son travail. Si possible, achetez tout le fil nécessaire en une seule fois, surtout le fil pour le fond ou pour les grandes surfaces unicolores. Si ce n'est pas possible, notez le numéro du bain de teinture de façon à réassortir le fil facilement.

Si vous voulez reproduire exactement mes motifs, achetez la même laine à tapisserie (notez le numéro). Ou encore, osez et faites vous-même vos combinaisons de couleurs.

Les aiguilles

Les aiguilles à tapisserie ont un gros chas et une pointe mousse de façon à ne pas déchirer les fils du canevas. Elles se présentent en plusieurs grosseurs, de 13 à 26 (plus le numéro est élevé, plus l'aiguille est fine). Il faut que le chas soit assez large pour permettre au fil de passer sans s'érailler. De plus, une fois enfilée, l'aiguille ne doit pas être trop grosse pour les trous du canevas, sinon les fils de celui-ci seront déplacés au passage. En général, une aiguille n° 18 convient pour les canevas n°s 12 et 13.

Les cadres à tapisserie

Quand l'ouvrage est petit, il est possible de le tenir d'une main tout en piquant de l'autre mais quand le canevas est plus grand, il est conseillé d'utiliser un cadre. Sans cadre, le canevas peut se déformer, surtout si vous serrez beaucoup vos points. L'utilisation d'un cadre laisse les deux mains libres de telle sorte que l'une peut se placer sous l'ouvrage tandis que l'autre, au-dessus, fait aller et venir l'aiguille aisément et permet de travailler plus vite. Les points sont plus réguliers quand on travaille avec un cadre que lorsque le canevas est tenu à la main. Il existe divers types de cadres. Allez faire un tour dans une mercerie, une boutique d'ouvrages de dames, un stand de grand magasin, où l'on vous conseillera. Chacun doit trouver la méthode la plus commode pour travailler, avec ou sans cadre. Si vous préférez tenir votre ouvrage à la main, il faudra l'étirer une fois terminé — mais pas trop fort.

Les points de tapisserie

Les points de tapisserie sont nombreux mais, pour les ouvrages de ce livre, où l'accent est mis sur la couleur et l'audace des motifs plus que sur la texture et le contraste entre les points, deux types de points seulement sont à utiliser, au choix : le petit point ou le demi-point de croix. Tous deux sont rapides et faciles à exécuter et, sur l'endroit de l'ouvrage, font le même effet de points obliques. C'est au dos du canevas qu'ils diffèrent. Le petit point dessine de longs points obliques recouvrant tout le canevas et l'épaisseur qui en résulte convient pour recouvrir le mobilier (tabourets, assises de siège, etc.). Le demi-point de croix forme des points plus courts, plus verticaux, qui ne recouvrent pas l'envers du canevas, utilisent moins de fil et créent un point plus maigre que le petit point. Dans un même ouvrage, il vaut mieux s'en tenir à un seul type de point pour éviter de former des côtes sur l'endroit du travail.

Pour les deux points, prenez une aiguillée de 76 cm au plus. Au-delà, le fil a tendance à s'emmêler et à former des nœuds. Le fil peut aussi s'user et ne plus recouvrir le canevas. En

2. Petit point.

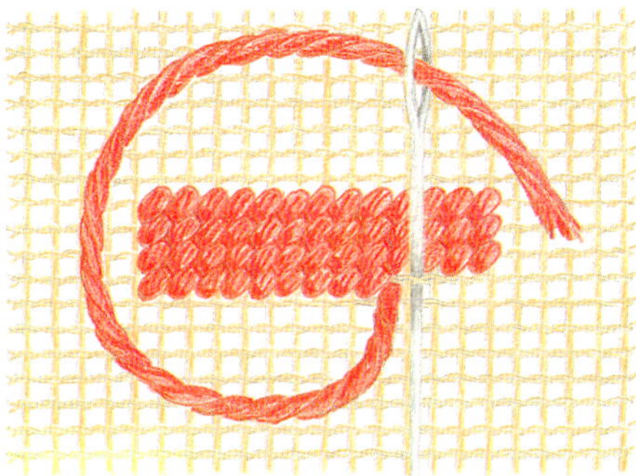

3. Demi-point de croix.

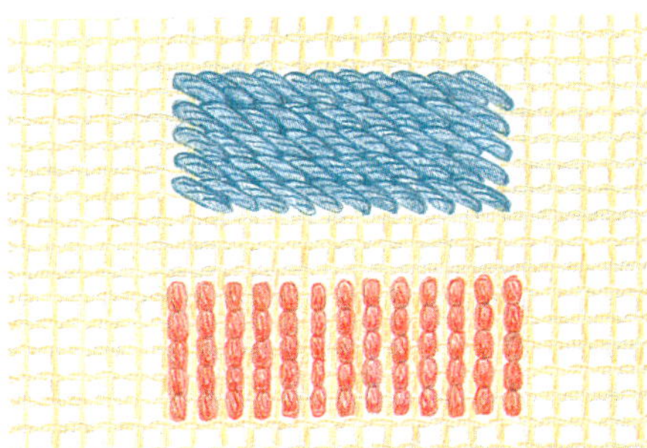

4. Envers du canevas montrant la différence entre le petit point (en haut) et le demi-point de croix (en bas).

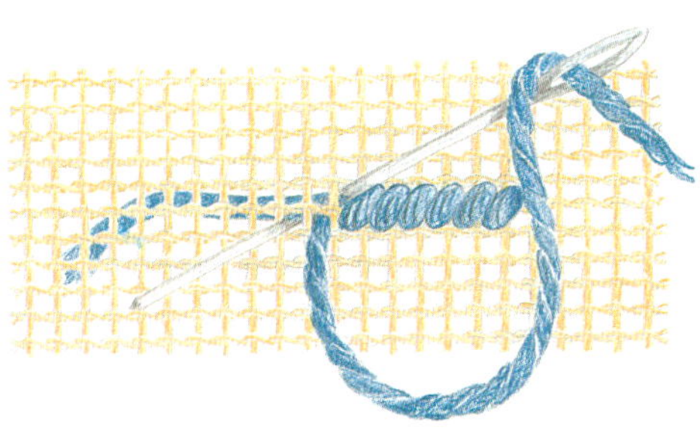

5. Début du petit point.

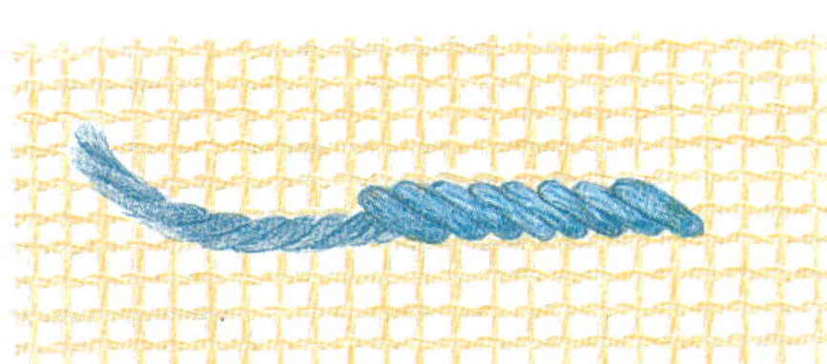

6. Envers du petit point montrant les premiers points qui bloquent l'extrémité du fil en la recouvrant.

commençant, laissez 2,5 cm de fil sur l'envers de l'ouvrage et faites vos deux ou trois premiers points par-dessus, de droite à gauche (voir les figures 2 et 3). Faites la rangée de points suivante au-dessous de la rangée précédente et continuez à travailler par rangées, alternativement de droite à gauche, puis de gauche à droite (voir les figures 4 et 5). Pour le demi-point de croix, faites de petits points verticaux sur l'envers, comme il est montré sur la figure et, pour le petit point, faites de longs points obliques (voir la figure 6). Après le dernier point, glissez votre fil dans l'envers des derniers points et coupez-le. Si le fil s'entortille pendant le travail, laissez la laine pendre avec son aiguille enfilée, et elle se détordra toute seule.

La tension du fil

En brodant, il faut exercer sur le fil une tension régulière, la tension étant la force avec laquelle vous tirez sur chaque point. Si la tension est trop forte, le canevas peut rétrécir et l'ouvrage terminé être plus petit. De plus, le fil peut s'étirer et devenir plus mince et irrégulier. Si la tension est trop faible, des boucles se forment et l'aspect n'est pas net. Efforcez-vous de conserver la même tension à vos points tout au long de l'ouvrage : celui-ci sera plus souple et régulier. Avec un peu de pratique, c'est assez facile à réaliser, surtout si vous utilisez un tambour (ou un cadre).

La préparation du canevas

Pour choisir la bonne trame de canevas, reportez-vous au diagramme du motif et aux instructions données pour chaque modèle. Ajoutez au moins 5 cm tout autour. Avant de commencer à broder, marquez le bord du motif. Pliez le canevas en deux en long et en large pour marquer le centre. Avec une encre indélébile, marquez les lignes : elles partagent l'ouvrage en quartiers qui faciliteront le comptage des fils. Comptez ensuite les fils du canevas, un pour chaque carreau du diagramme, de façon à établir la dimension de la zone du motif. Marquez les limites. Tracez les contours du dessin sur une feuille de papier : c'est un gabarit qui vous servira de référence quand vous étirerez l'ouvrage terminé.

Si vous désirez utiliser un cadre, c'est maintenant qu'il faut y installer le canevas. Si vous préférez tenir votre ouvrage à la main, il vaut mieux surfiler les quatre bords du canevas, ou les border de ruban adhésif pour les empêcher de s'effilocher ou d'accrocher.

Suivre un diagramme

Tous mes ouvrages son accompagnés d'un diagramme et, quoi qu'en pensent bien des

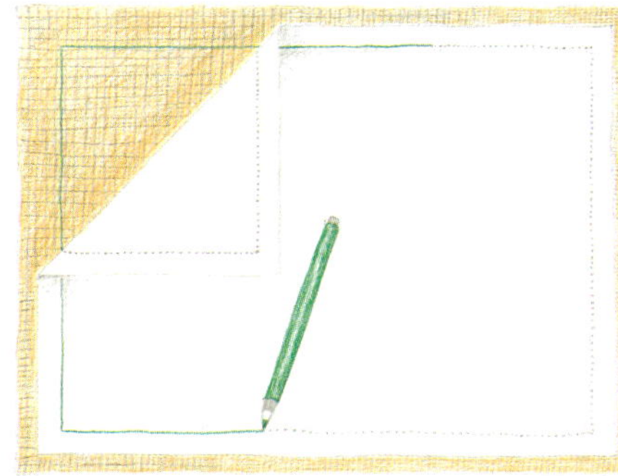

7. Fabrication d'un gabarit.

gens, travailler d'après un diagramme est très facile. Chaque carreau du plan représente un point. Comme chaque point s'effectue sur un fil, il vaut mieux compter les fils que les carreaux (trous) de la trame. Chaque carreau est teinté de la couleur qui se rapproche le plus possible de la couleur de la laine à utiliser mais, lorsque les couleurs sont très proches les unes des autres et risquent d'être confondues, la couleur sur le diagramme a été accentuée. Les repères numérotés permettent de se procurer les couleurs exactes ; il est conseillé également de bien examiner la photographie.

Par où commencer le travail ? C'est une question de préférence personnelle. Quant à moi, j'aime tracer d'abord le contour de chaque motif, puis je remplis les centres, avant de faire le fond. Vérifiez que le haut de l'ouvrage correspond bien au haut du diagramme : quand un motif est travaillé dans le mauvais sens, les formes sont modifiées à cause de l'obliquité du point (voir la figure 8). Dans ce livre, le haut du diagramme est toujours placé vers le haut de la page.

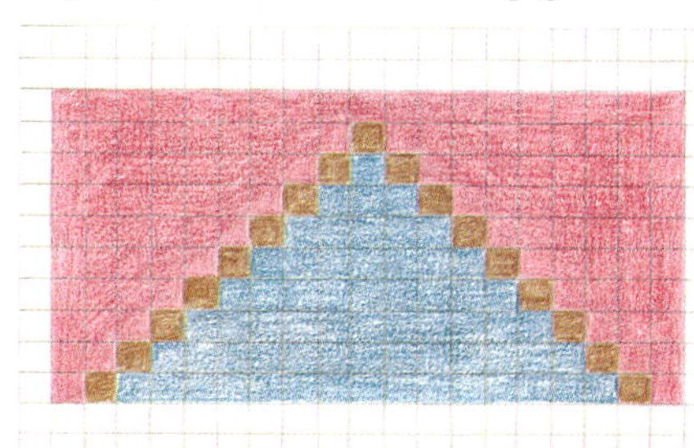

8a. Détail d'un diagramme.

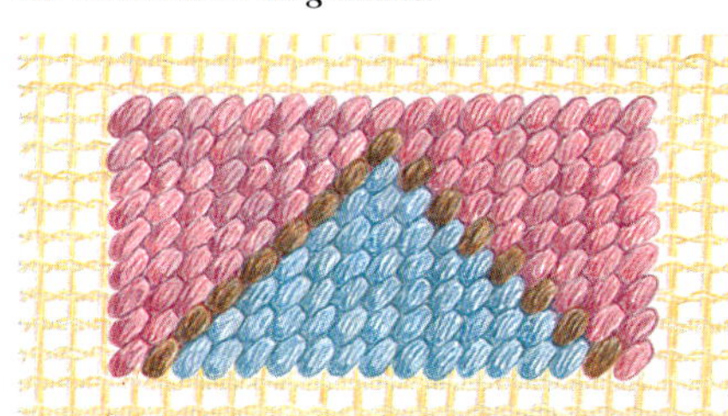

8b. Détail d'une broderie montrant des lignes créées par l'obliquité des points.

Découdre des points

Quand, à cause d'une erreur, il faut dépiquer des points, faites très attention de ne pas endommager le canevas. Je trouve plus facile de couper chaque point avec des petits ciseaux pointus puis de tirer les fils avec une pince à épiler.

Si vous coupez un fil du canevas par inadvertance, ne vous inquiétez pas, c'est facile à réparer. Découpez une petite pièce de canevas nu sur le bord de votre ouvrage et fixez-la derrière la zone endommagée, en faisant coïncider les trous et les fils. Puis, prenez les deux épaisseurs de canevas avec les nouveaux points.

Modifier la taille d'un motif

Pour agrandir ou diminuer un motif, plusieurs méthodes sont possibles : utiliser un canevas d'une autre grosseur, répéter des parties du motif ou son ensemble, ou supprimer certaines parties.

Pour adapter les dimensions d'un canevas, divisez le nombre de points du modèle (donné sur chaque fiche pratique) par le numéro du canevas. Par exemple, le motif du Patchwork afghan de la page 32 est de 191 carreaux de largeur sur 191 carreaux de longueur. J'ai utilisé un canevas n° 13, ce qui me donne un motif terminé carré de 37 cm de côté. Si je veux un plus grand ouvrage, je peux utiliser un canevas n° 10 pour obtenir un carré de 48 cm de côté ou un canevas n° 7 pour un carré de 68 cm de côté.

Les autres méthodes pour agrandir ou diminuer un modèle en excluant ou en répétant une partie du motif sont expliquées tout au long de l'ouvrage et dépendent du motif.

Étirer le canevas

Avant de monter un ouvrage de broderie, il faut l'étirer, surtout s'il a été déformé pendant le travail et s'il n'était pas fixé sur un cadre. Ne coupez jamais un canevas tant qu'il n'a pas été parfaitement étiré.

Pour cela, il faut une planche, plus grande que le canevas, dans laquelle vous pourrez planter des semences de tapissier ; une grande équerre ; un marteau ; des semences ou des punaises ; votre gabarit.

Posez l'ouvrage à l'envers, humectez-le en vaporisant de l'eau ou en le tapotant avec une éponge humide, mais ne l'imbibez pas. Guidez-vous sur le gabarit pour remettre l'ouvrage en forme et clouez-le. Commencez par le milieu de chaque côté puis avancez vers l'angle, ou (c'est la méthode que je préfère) fixez complètement un côté avant de vous occuper du suivant. Dans les deux cas, utilisez une équerre pour vérifier les angles droits.

Si le canevas est très déformé, imprégnez l'envers de vapeur en approchant un fer à vapeur ou une bouilloire sans toucher la broderie. Laissez l'ouvrage sécher complètement avant d'ôter les semences, même si cela prend plusieurs jours. Si l'ouvrage est encore déformé, recommencez.

9. Humectez avec soin l'envers de l'ouvrage avant de l'étirer.

10. Clouez l'ouvrage. Utilisez une équerre pour l'aplomb des angles.

L'assemblage de deux morceaux

La meilleure méthode pour assembler deux ouvrages de broderie est encore de faire une couture décorative au demi-point de croix. Après avoir étiré les ouvrages, coupez les bords des canevas à 1 cm de la broderie et repliez-les le long de la ligne de couture. Le pli doit longer la ligne du fil et non passer au niveau des trous des canevas. Placez les canevas endroit contre endroit et ajustez les deux bords. Avec le coloris de fil spécifié dans la fiche pratique, commencez en piquant l'arrière, traversez le canevas et faites ressortir l'aiguille sur le devant en passant par le premier trou du bord inférieur du morceau de droite. Puis passez l'aiguille par le second trou de l'autre canevas vers l'envers et revenez vers l'endroit en traversant cette fois le second trou du morceau de droite. Continuez la couture jusqu'au bout, au demi-point de croix. Quand elle est terminée, arrêtez le fil sur l'envers de l'ouvrage.

11. Assemblage de deux parties d'ouvrage.

Le dos d'une housse de coussin

La plupart des motifs de ce livre conviennent à des housses de coussins. Faire un dos de coussin est facile et si vous n'avez pas de machine, vous pouvez le coudre à la main. Le tissu doit être assez épais, surtout si le coussin doit être posé par terre. J'utilise en général une indienne d'épaisseur moyenne, disponible dans le commerce dans des couleurs variées. Les lainages fins et les velours d'ameublement conviennent aussi. Choisissez la couleur de vos tissus avec soin car elle doit rehausser le motif et non détourner de lui l'attention. Les fermetures à glissière, qui sont facultatives, permettent un déhoussage rapide mais vous pouvez aussi laisser une fente au dos de la housse et ne la fermer qu'une fois le coussin mis en place.

Si vous posez une fermeture à glissière, il faut couper deux morceaux de tissu. Pour calculer les dimensions, divisez par deux la largeur de l'ouvrage et ajoutez à chaque demi largeur 1,5 cm de marge tout autour pour les coutures. Endroit contre endroit, joignez les deux extrémités de la couture du milieu en laissant une fente assez grande pour fixer la fermeture à glissière. Ouvrez la couture, repassez. Épinglez, bâtissez et cousez la fermeture à glissière, soit à la machine en utilisant le pied spécial, soit à la main au point arrière.

12. Pose d'une fermeture à glissière.

Si vous ne posez pas de fermeture à glissière, préparez un seul morceau de tissu de la dimension de l'ouvrage, plus 1,5 cm de marge tout autour pour la couture. Endroit contre endroit, fermeture à glissière ouverte si vous en avez posé une, épinglez et bâtissez l'ouvrage et le dos de la housse. Si vous passepoilez, lisez les instructions pour cela ci-après. Cousez à petits points, le plus près possible de la broderie. Si vous n'utilisez pas de fermeture à glissière, laissez une ouverture suffisante pour le passage du coussin. Coupez le surplus de canevas, coupez les coins en diagonale pour éviter l'excès de tissu.

13. Assemblage du dos de l'ouvrage à la broderie à petits points arrière ou à la machine.

Retournez l'enveloppe à l'endroit, introduisez le coussin.

Les bords : ganse ou passepoil

Une ganse ou un passepoil sont des finitions simples qui font beaucoup d'effet sur le pourtour des coussins. Comme la ganse s'effiloche très facilement, arrêtez les extrémités en les enveloppant avec du ruban adhésif dès que vous l'avez coupée. Commencez le montage par le bas de l'ouvrage de broderie, soit à l'extrémité de la fente laissée pour introduire le coussin, soit, si vous utilisez une fermeture à glissière, dans une ouverture de 1 cm laissée dans la couture quand vous avez assemblé le dos de l'ouvrage et la broderie. La housse étant retournée sur l'endroit, glissez 2,5 cm de ganse dans l'ouverture et fixez cette longueur en place avec du fil de coton en double ou du fil à boutons et une aiguille courbe. Cousez la ganse au ras de la couture sur le pourtour de l'ouvrage. Ne tirez pas trop dessus car, ronde ou plate, elle s'aplatit ou s'allonge facilement. Rentrez les deux extrémités l'une dans l'autre. Cousez solidement le tout à l'ouverture.

Un passepoil est un ruban de tissu coupé dans le biais et replié sur une ganse. Le tissu peut être le même que celui du dos de la housse ou un tissu contrasté. La ganse se présente en plusieurs grosseurs que vous choisirez selon le relief que vous voulez donner à la finition. Coupez des bandes de tissu assez larges pour bien envelopper la ganse, avec 1 cm de marge en plus, des deux côtés, pour la couture. Cousez les bandes bout à bout, votre couture suivant le droit fil du tissu. Ouvrez les coutures, repassez. Enveloppez la ganse de tissu, envers contre envers, et faites une couture le plus près possible de la ganse. Placez le passepoil sur l'endroit de l'ouvrage de broderie, en ajustant la ligne de la couture du passepoil et le bord du motif. Placez le tissu du dos de la housse sur le passepoil, épinglez le tout. Pour arrêter les extrémités, commencez par coudre le biais par une couture rabattue dans le sens du droit

14. Tracez des bandes dans le biais pour le passepoil et coupez-les.

15. Assemblage des bandes destinées à la bordure. Coupez les coins.

16. Cousez le plus près possible de la ganse.

fil. Effilochez les extrémités de la ganse et coupez les brins à différentes longueurs. Entrelacez ces brins sur 2,5 cm de longueur,

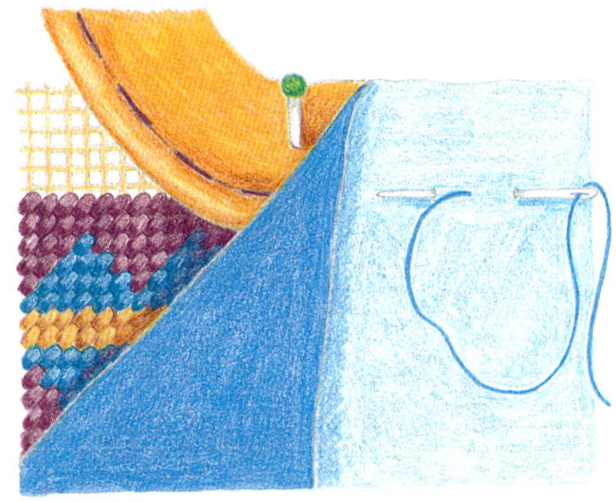

17. Épinglez le passepoil entre le tissu du dos et la broderie et cousez à petits points arrière ou à la machine.

pour obtenir une liaison souple. Cousez, fixez, coupez le surplus comme pour le dos de la housse ci-dessus.

Un polochon

Un traversin est un complément très élégant et très facile à faire pour un canapé, un siège d'embrasure de fenêtre ou une chaise longue. Les housses, comme on le voit dans ce livre, ont des extrémités froncées. Pour ces extrémités, il vous faut deux morceaux de tissu (voir le paragraphe Dos d'une housse de coussin pour les conseils de tissu). La longueur du tissu correspond à la hauteur de l'ouvrage (qui est la circonférence du polochon lui-même) et sa largeur est le diamètre de l'extrémité circulaire. Comptez 3 cm de plus tout autour pour les coutures. Endroit contre endroit, épinglez et bâtissez le tissu à l'ouvrage, seulement sur les côtés. Cousez le plus près possible de la broderie. Repliez la housse sur l'envers, ajustez les côtés longs, cousez au demi-point de croix allongé (voir page 150) en passant au bord de la broderie. Retournez la housse à l'envers, continuez les coutures sur les extrémités, en formant un tube. Ne repassez que les coutures. Retournez le tube à l'endroit, rabattez de 1,5 cm à chaque extrémité, cousez. Aux extrémités, avec un fil contrasté, faites à

18a. Froncez chaque extrémité du polochon.

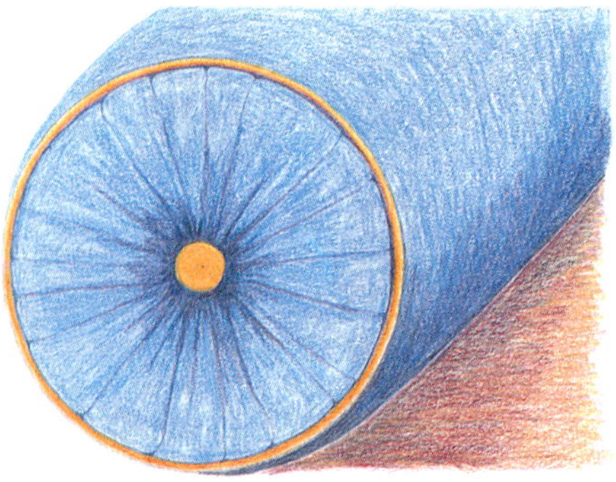

18b. Polochon terminé avec un passepoil (facultatif).

la main une rangée de point de fronces près du pli. Placez le polochon dans la housse.

À chaque extrémité de la housse, tirez sur les fils de fronce pour rentrer les bords de la housse vers l'intérieur. Répartissez les fronces, fixez-les au point arrière. Je dissimule le trou central avec un moule à bouton recouvert de tissu assorti. Vous pouvez ajouter des glands et border chaque extrémité du polochon avec une ganse ou un passepoil (voir plus haut).

19. Carton pour cadre placé sur l'envers de l'ouvrage.

Un cadre de photographie

Il ne vous faut que du carton fort et du ruban adhésif solide. Faites un gabarit de papier de votre ouvrage terminé. Tracez la forme de ce gabarit à deux reprises sur du carton. La première forme, pour le dessus du cadre, aura une découpe centrale et la seconde, sans découpe, servira de fond. Coupez le surplus de canevas en laissant 2,5 cm tout autour. Coupez les coins extérieurs en diagonale, crantez les coins intérieurs (voir la figure). Placez le carton du devant du cadre au dos de l'ouvrage. Repliez un bord de l'ouvrage sur le carton et fixez-le avec du ruban adhésif. Laissez les trois autres bords libres. Repliez par-dessus tous les bords intérieurs et fixez-les avec du ruban adhésif. Placez le carton de fond derrière le carton du devant. Repliez les bords extérieurs par-dessus le dos du cadre et fixez-les avec du ruban adhésif. Glissez votre photo par le côté. Laissez ouvert.

Un tapis

Le tapis Patchwork afghan (page 32) est un assemblage de plusieurs ouvrages. Des tapis de toutes sortes et de toutes formes peuvent aussi être fabriqués. Un grand tapis d'une seule pièce serait en effet lourd et difficile à broder. Avant d'assembler les morceaux, il est essentiel de vérifier l'aplomb des canevas (voir

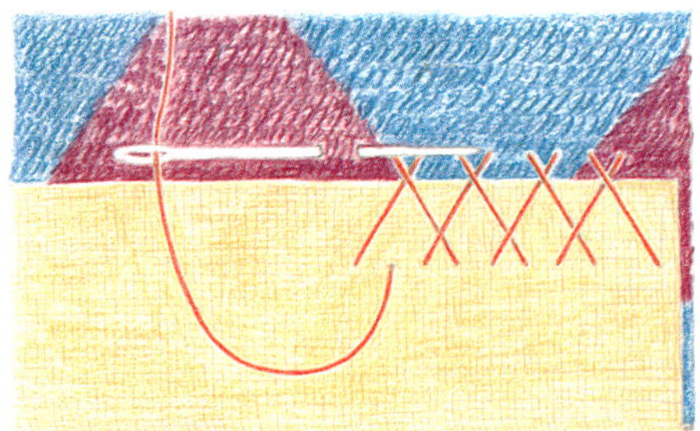

20. Point de chausson.

Étirer un canevas ci-dessus). Chaque côté adjacent doit comporter le même nombre de points de façon à être cousu point par point. Tous les points d'un tapis terminé doivent être orientés dans la même direction. Assemblez les morceaux avec du fil à bouton mis en double. Ouvrez doucement les coutures. Sur les côtés, rabattez les bords du canevas sur l'envers. Cousez au point de chausson tous les bords libres du canevas sur l'envers, de façon à les aplatir. Coupez l'excès de canevas dans les coins.

Pour doubler un tapis, je conseille du jute d'ameublement. Coupez la doublure aux dimensions de l'ouvrage achevé en ajoutant 2,5 cm tout autour pour les coutures. Pour empêcher la doublure de pocher, il faut la fixer au dos du tapis par des rangées de points : cela se fait au moyen de petits points qui, traversant la doublure, prennent aussi le dos du tapis. Ramenez l'aiguille en la faisant avancer sous la doublure pour faire le point suivant. En général, j'exécute une ligne centrale de points de haut en bas du tapis et une autre ligne de points d'un côté à l'autre. Pour les tapis de grande taille, des rangées supplémentaires de points peuvent être nécessaires. Rentrez les marges de la doublure sous le bord du tapis et cousez à points glissés.

Le nettoyage d'un ouvrage

Quand une broderie est salie, elle peut être lavée à l'eau tiède savonneuse ou nettoyée à sec. À mon avis, le nettoyage à sec est préférable. Vérifiez toujours auparavant les instructions du fabricant du fil. Vérifiez vos tissus, qui doivent être grand teint. Quand je lave un ouvrage, j'utilise la baignoire, de façon à l'étendre à plat, endroit tourné vers le fond. Soyez très soigneuse, ne frottez pas, ne pressez pas, ne tordez pas. Pour chasser la saleté, servez-vous d'une grosse éponge que vous appuierez sur le dos de l'ouvrage. Quand vous rincez, changez l'eau souvent. Après le dernier rinçage, laissez l'ouvrage dans la baignoire vidée et aspirez le maximum d'eau avec une grosse éponge propre. Étalez l'ouvrage sur une serviette de toilette propre et enroulez-la doucement. Cela facilite l'élimination de l'eau. Pour finir, étirez l'ouvrage (voir plus haut).

Quand un ouvrage tapisse un objet mobilier, il est impossible de le laver ou de le faire nettoyer à sec. Passez l'aspirateur pour enlever le plus de poussière possible puis épongez avec un détergent pour ameublement en suivant scrupuleusement les instructions du fabricant.

Index

Collection « Arts d'intérieurs »

Ouvrages déjà parus :

Le Guide de la décoration rustique
par Miranda Innes

L'Art du papier mâché
par Juliet Bawden

L'Art du papier marbré
par Einen Miura

Peindre sur porcelaine
par Uwe Geissler

L'Art de la mosaïque
par Giovanna Galli

Le Guide des tissus
par Mélanie Paine

Artisanat du monde entier
par Nicholas Barnard

Les Applications sur tissus
par Juliet Bawden

Les Meubles Lloyd Loom
par Lee J. Curtis

L'Ébéniste-restaurateur
par François Germond

L'Art du petit point
par Raffaella Serena

L'Émail dans la maison
par Brigitte ten Kate-von Eicken

L'Art des émaux
par Gertrud Rittmann-Fischer

Peindre ses meubles
par Jocasta Innes

Le Style Liberty
par Stephen Calloway

Sotheby's : La Restauration des objets anciens
par Mette Tang Simpson et Michael Huntley

La Couleur dans la décoration
par Tricia Guild

L'Art du verre contemporain
par Catherine Vaudour

Les Fleurs dans la maison
par Leslie Geddes-Brown

L'Art du bouquet en France
par la Société nationale d'horticulture de France

Peindre sa cuisine
par Charyn Jones

Décor sur porcelaine. Les motifs de Meissen
par Uwe Geissler

Les Petits Points de Casa Lopez
par Sophie Pelletier et Bernard Magniant-Lopez

L'Art des bijoux
par Janet Fitch

Quilts et Patchworks
par Linda Seward

Peindre son intérieur
par Judith et Martin Miller

À paraître :

L'Art du pochoir
par Bénita Kusel

La Restauration de la faïence et de la porcelaine
par Frédérique Citéra et Guy Sarrauste de Menthière

La Peinture sur porcelaine. Motifs de l'Orient
par Dony Alexiev-Karandjoulov

L'Art de la broderie
par Pascal Payen-Appenzeller et Marie Brocard

Motifs à découper
par Belinda Ballantine

L'Éclairage dans la maison
par Jean-Pierre Cousin

Armand Colin Éditeur
103 boulevard Saint-Michel
75240 Paris Cedex 05
Première édition
N° d'éditeur : 10428
Achevé d'imprimer en août 1993
Imprimé en Italie